매 일 일 본 어 습 관 의 기 적 !

나의 하루 줄 일본어 쓰기 수첩

☑ 기초문장 100

" 외국어는

매일의 습관입니다. "

매 일 일 본 어 습 관 의 기 적 !

나의 하루 1줄 일본어 쓰기 수첩

기초문장 100

매일 한 줄 쓰기의 힘

여러분,
한꺼번에 수십 개의 단어와 문장을 외웠다가
나중에 몽땅 까먹고 다시 공부하는
악순환을 반복하고 싶으신가요?

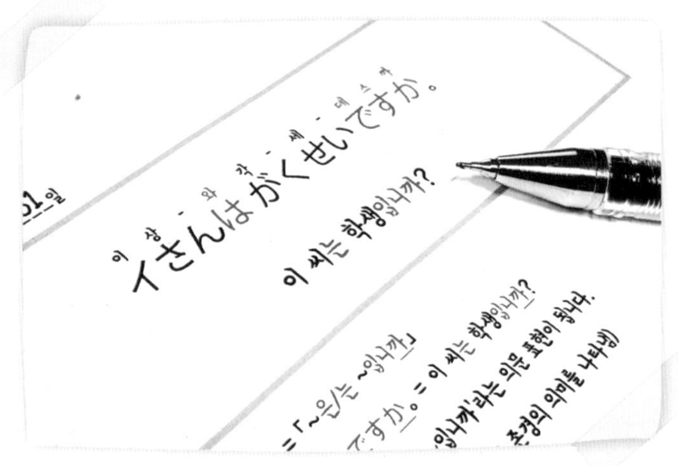

아니면 하루 1문장씩이라도
확실히 익히고, 직접 반복해서 써보며
온전한 내 것으로 만들어
까먹지 않고 제대로 써먹고 싶으신가요?

일본어 '공부'가 아닌
일본어 '습관'을 들이세요.

많은 사람들이 외국어를 공부할 때, 자신이 마치 내용을 한 번 입력하기만 하면
죽을 때까지 그걸 기억할 수 있는 기계인 것마냥 문법 지식과 단어를
머릿속에 최대한 많이 넣으려고 하는 경향이 있습니다.
하지만 이 공부법의 문제는? 바로 우리는 기계가 아닌 '인간'이기 때문에
한꺼번에 많은 내용을 머릿속에 우겨 넣어 봐야 그때 그 순간만 기억할 뿐
시간이 지나면 거의 다 '까먹는다는 것'입니다.

'한꺼번에 많이'보다
'매일매일 꾸준히' 하세요.

까먹지 않고 내 머릿속에 오래도록 각인을 시키려면,
우리의 뇌가 소화할 수 있는 만큼만 공부해 이를 최대한 '반복'해야 합니다.
한 번에 여러 문장을 외웠다 며칠 지나 다 까먹는 악순환을 벗어나,
한 번에 한 문장씩 여러 번 반복하고 직접 써보는 노력을 통해
일본어를 진짜 내 것으로 만드는 것이 제대로 된 방법입니다.

어느새 일본어는
'나의 일부'가 되어있을 겁니다.

자, 이제 과도한 욕심으로 작심삼일로 끝나는 외국어 공부 패턴을 벗어나,
진짜 제대로 된 방법으로 일본어를 공부해 보는 건 어떨까요?

쓰기 수첩 활용법

DAY 013 ___월 ___일

이상 - 와 각 - 세 - 데스까
イさんは がくせいですか。

이 씨는 학생입니까?

1

① 「Nは Nですか」 = 「~은/는 ~입니까」
イさんは がくせいですか。 = 이 씨는 학생입니까?
'~です' 뒤에 'か'를 붙이면 '~입니까'라는 의문 표현이 됩니다.
② さん = ~ 씨 (이름, 직업 등에 붙어 존경의 의미를 나타냄)
がくせい = 학생

MP3 듣고 따라 말하며 세 번씩 써보기 mp3 015

①

②

③

2

응용해서 써본 후 MP3 듣고 따라 말하기 mp3 016

① 야마다 씨는 회사원입니까?

→

② 김 씨는 선생님입니까? [김 씨 = キムさん, 선생님 = せんせい]

→

3

① やまださんは かいしゃいんですか。

② キムさんは せんせいですか。

1 하루 1문장씩 제대로 머릿속에 각인시키기

일본인들이 가장 기본적으로 쓰는 문장을 하루 1개씩, 총 100개 문장을 차근차근 익혀 나가도록 합니다. 각 문장 1개를 통해 일상생활 필수 표현 및 핵심 문형 1개 & 새로운 어휘 2~3개를 함께 익힐 수 있습니다.

2 그날그날 배운 문장 1개 반복해서 써보기

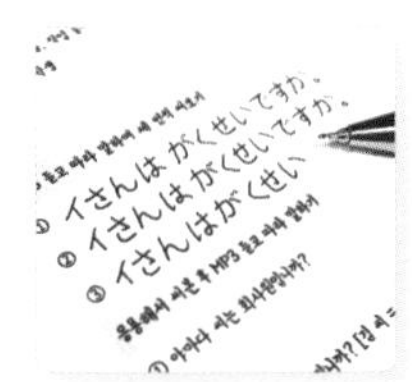

그날그날 배운 문장 1개를 수첩에 반복해서 써보도록 합니다. 문장을 다 써본 후엔 원어민이 직접 문장을 읽고 녹음한 MP3 파일을 듣고 따라 말하며 발음까지 확실히 내 것으로 만들도록 합니다.

3 배운 문장을 활용해 새로운 문장 응용해서 써보기

그날그날 배우고 써봤던 일본어 문형에 다른 어휘들을 집어 넣어 '응용 문장 2개' 정도를 더 써보도록 합니다. 이렇게 함으로써 그날 배운 일본어 문형은 완벽한 내 것이 될 수 있습니다.

4

DAY 008	DAY 009	DAY 010	CH.1 복습	DAY 011
✔	✔			
DAY 012	DAY 013	DAY 014	DAY 015	DAY 016
DAY 017	CH.2 복습	DAY 018	DAY 019	DAY 020

5

기초문장 100

중급문장 100

고급문장 100

본 교재는 '기초문장 100'에 해당합니다.

4 매일매일 쓰기를 확실히 끝냈는지 스스로 체크하기

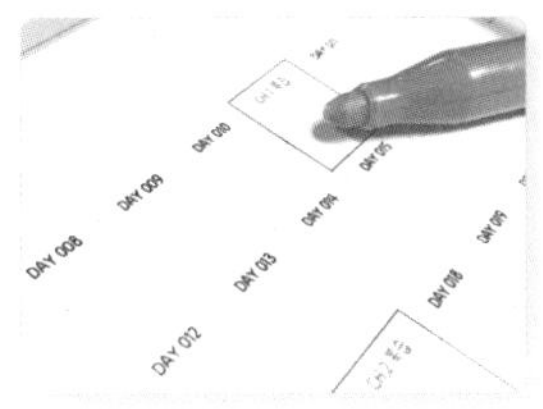

외국어 공부가 작심삼일이 되는 이유 중 하나는 바로 스스로를 엄격히 체크하지 않아서입니다. 매일 쓰기 훈련을 끝마친 후엔 일지에 학습 완료 체크 표시를 하며 쓰기 습관이 느슨해지지 않도록 합니다.

5 '기초-중급-고급'의 단계별 쓰기 훈련 & 유튜브 영상 학습

나의 하루 1줄 일본어 쓰기 수첩은 '기초-중급-고급'으로 구성되어 있어 수준을 단계적으로 높여 가며 일본어를 마스터할 수 있습니다. 또한 학습자들의 편의를 위해 교재의 내용을 저자의 유튜브 영상으로도 학습할 수 있도록 하였습니다. (하단의 QR코드 스캔 시 강의 채널로 이동)

쓰기 수첩 목차

나의 쓰기 체크일지

본격적인 '나의 하루 1줄 일본어 쓰기' 학습을 시작하기에 앞서, 수첩을 활용하여 공부를 진행하는 방법 및 '나의 쓰기 체크 일지' 활용 방법을 안내해 드리도록 하겠습니다. 꼭! 읽고 학습을 진행하시기 바랍니다.

공부 방법

1. 'DAY 1'마다 핵심 일본어 문형 및 문장 1개를 학습합니다.
2. 배운 문장 1개를 MP3를 듣고 따라 말하며 3번씩 써봅니다.
3. 배운 문장 구조를 응용하여 다른 문장 두 개를 작문해 본 다음 MP3를 듣고 따라 말해 봅니다.
4. 또한 챕터 하나가 끝날 때마다 복습 및 작문 테스트를 치러 보며 자신의 일본어 실력을 점검해 봅니다.
5. 이 같이 학습을 진행해 나가면서, '나의 쓰기 체크 일지'에 학습을 제대로 완료했는지 체크(V) 표시를 하도록 합니다.

»» START		Warm Up	DAY 001	DAY 002
DAY 003	DAY 004	DAY 005	DAY 006	DAY 007

DAY 008	DAY 009	DAY 010	CH.1 복습	DAY 011
DAY 012	DAY 013	DAY 014	DAY 015	DAY 016
DAY 017	CH.2 복습	DAY 018	DAY 019	DAY 020
DAY 021	DAY 022	DAY 023	DAY 024	DAY 025
DAY 026	DAY 027	CH.3 복습	DAY 028	DAY 029
DAY 030	DAY 031	DAY 032	DAY 033	DAY 034
DAY 035	CH.4 복습	DAY 036	DAY 037	DAY 038

DAY 039	DAY 040	DAY 041	CH.5 복습	DAY 042
DAY 043	DAY 044	DAY 045	DAY 046	DAY 047
DAY 048	DAY 049	DAY 050	DAY 051	CH.6 복습
DAY 052	DAY 053	DAY 054	DAY 055	DAY 056
DAY 057	DAY 058	DAY 059	DAY 060	DAY 061
CH.7 복습	DAY 062	DAY 063	DAY 064	DAY 065
DAY 066	DAY 067	DAY 068	CH.8 복습	DAY 069

DAY 070	DAY 071	DAY 072	DAY 073	DAY 074
CH.9 복습	DAY 075	DAY 076	DAY 077	DAY 078
DAY 079	DAY 080	DAY 081	DAY 082	CH.10 복습
DAY 083	DAY 084	DAY 085	DAY 086	DAY 087
DAY 088	DAY 089	DAY 090	DAY 091	DAY 092
CH.11 복습	DAY 093	DAY 094	DAY 095	DAY 096
DAY 097	DAY 098	DAY 099	DAY 100	CH.12 복습

나의 다짐

다짐합니다.

나는 "나의 하루 한 줄 일본어 쓰기 수첩"을

언제 어디서나 휴대하고 다니며

하루 한 문장씩 꾸준히 포기하지 않고

열심히 쓸 것을 다짐합니다.

만약 하루에 한 문장씩 쓰기로 다짐한

이 간단한 약속조차 지키지 못해

다시금 작심삼일이 될 경우,

이는 내 자신의 의지가 이 작은 것도 못 해내는

부끄러운 사람이란 것을 입증하는 것임을 알고,

따라서 내 스스로에게 부끄럽지 않도록

이 쓰기 수첩을 끝까지 쓸 것을

내 자신에게 굳건히 다짐합니다.

년 월 일

이름:

WARM UP

본격적으로 일본어 학습을 시작하기 전,
기본적으로 알고 있어야 할 일본어의 특징 및
문자와 발음, 문체, 품사, 조사에 대해
배워 봅시다.

① 일본어의 특징
② 일본어 문자와 발음
③ 일본어 문체
④ 일본어 품사
⑤ 일본어 조사

1. 일본어의 특징

① 일본어와 한국어, 두 언어 사이엔 유사점이 많다.

일본어와 한국어 사이엔 유사점이 많습니다. 이를테면 어순이 같고, 조사를 사용하며, 중국에서 들어온 한자어를 사용하는 등 비슷한 점들이 상당히 많습니다. 따라서 이러한 이유로 한국인 학습자가 일본어 학습이 용이하고 학습 속도 역시 빠른 경우가 많다고 합니다.

② 하지만 두 언어 사이엔 차이점 역시 존재한다.

하지만 두 언어 사이에는 많은 차이점 역시 존재하지요. 이를테면 발음의 규칙이 다르고, 한자어를 읽는 법이 다르며, 한자어 이외의 어휘에서는 공통점이 거의 없습니다. 따라서 한국어와의 공통점은 잘 활용하고 차이점엔 주의하면서 일본어를 공부하는 것이 좋습니다.

③ 일본어의 특징에 대해 살펴보자.

그럼, 일본어 쓰기 연습을 하기 전 일본어에는 어떠한 특징이 있는지 알아 볼까요?

첫째, 일본어는 '히라가나, 가타카나, 한자' 등을 사용하여 표기합니다. 이를 표로 정리하여 살펴보면 아래와 같습니다.

히라가나	한자의 초서체를 따서 만든 문자로, 주로 문법적인 말(조사, 조동사, 활용어미 등)의 표기에 사용합니다.
가타카나	한자의 일부 획을 따서 만든 문자로, 주로 외래어, 의성어, 의태어, 동식물을 표기하거나 표현을 강조할 때에 사용합니다.
한자	주로 명사나 동사, 형용사 어간의 표기에 사용합니다.

위와 같은 '히라가나, 가타카나, 한자' 등을 사용한 표기는 일본어 문장 예시를 통해 살펴보면 더욱 명확히 알 수 있습니다.

(예시)

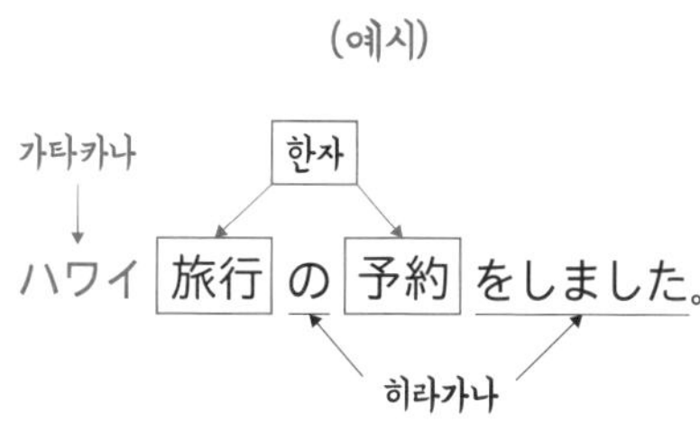

하와이 여행의 예약을 했습니다.

둘째, 일본어 한자 표기에는 약자체(정자체보다 점획이 적음)를 사용하는 경우가 있습니다. 한국어의 한자와 비교하면 아래와 같습니다.

(예시)

(한국) 學 - 学 (일본)
(한국) 國 - 国 (일본)

셋째, 일본어 한자를 읽는 방법에는 '음독'과 '훈독'이 있으며, 한국어와 달리 한 가지 한자가 여러 가지로 발음되는 경우가 많습니다. 예시를 보면 아래와 같습니다.

(예시)

(한국) 下 → [하]
(일본) 下 → [음독: か, げ]
→ [훈독: さ(げる), さ(がる), く(だる), お(ろす), お(りる) …]

넷째, 일본어에는 띄어쓰기가 없습니다. (단, 교재에서는 학습 편의상 띄어쓰기 사용)

2. 일본어 문자와 발음

① 히라가나

	あ단 [a]	い단 [i]	う단 [u]
あ행 [a]	あ [a]아	い [i]이	う [u]우
か행 [k]	か [ka]카	き [ki]키	く [ku]쿠
が행 [g]	が [ga]가	ぎ [gi]기	ぐ [gu]구
さ행 [s/sh]	さ [sa]사	し [shi]시	す [su]스
ざ행 [z]	ざ [za]자	じ [ji]지	ず [zu]즈
た행 [t/ch/ts]	た [ta]타	ち [chi]치	つ [tsu]츠
だ행 [d/j]	だ [da]다	ぢ [ji]지	づ [zu]즈
な행 [n]	な [na]나	に [ni]니	ぬ [nu]누
は행 [h]	は [ha]하	ひ [hi]히	ふ [fu]후
ば행 [b]	ば [ba]바	び [bi]비	ぶ [bu]부
ぱ행 [p]	ぱ [pa]파	ぴ [pi]피	ぷ [pu]푸
ま행 [m]	ま [ma]마	み [mi]미	む [mu]무
や행 [y]	や [ya]야		ゆ [yu]유
ら행 [r]	ら [ra]라	り [ri]리	る [ru]루
わ행 [w]	わ [wa]와		
	ん [n]응		

• '단'이란 같은 모음을 가진 문자들의 열을 말합니다. (예) あ단: [a]모음
• '행'이란 같은 자음을 가진 문자들의 행을 말합니다. (예) か행: [k]자음

え단 [e]	お단 [o]		+や [ya]	+ゆ [yu]	+よ [yo]
え [e]에	お [o]오				
け [ke]케	こ [ko]코		きゃ [kya]캬	きゅ [kyu]큐	きょ [kyo]쿄
げ [ge]게	ご [go]고		ぎゃ [gya]갸	ぎゅ [gyu]규	ぎょ [gyo]교
せ [se]세	そ [so]소		しゃ [sha]샤	しゅ [shu]슈	しょ [sho]쇼
ぜ [ze]제	ぞ [zo]조		じゃ [jya]쟈	じゅ [jyu]쥬	じょ [jyo]죠
て [te]테	と [to]토		ちゃ [cha]챠	ちゅ [chu]츄	ちょ [cho]쵸
で [de]데	ど [do]도		ぢゃ [jya]쟈	ぢゅ [jyu]쥬	ぢょ [jyo]죠
ね [ne]네	の [no]노		にゃ [nya]냐	にゅ [nyu]뉴	にょ [nyo]뇨
へ [he]헤	ほ [ho]호		ひゃ [hya]햐	ひゅ [hyu]휴	ひょ [hyo]효
べ [be]베	ぼ [bo]보		びゃ [bya]뱌	びゅ [byu]뷰	びょ [byo]뵤
ぺ [pe]페	ぽ [po]포		ぴゃ [pya]퍄	ぴゅ [pyu]퓨	ぴょ [pyo]표
め [me]메	も [mo]모		みゃ [mya]먀	みゅ [myu]뮤	みょ [myo]묘
	よ [yo]요				
れ [re]레	ろ [ro]로		りゃ [rya]랴	りゅ [ryu]류	りょ [ryo]료
	を [o]오				

② 가타카나

	ア단 [a]	イ단 [i]	ウ단 [u]
ア행 [a]	ア [a]아	イ [i]이	ウ [u]우
カ행 [k]	カ [ka]카	キ [ki]키	ク [ku]쿠
ガ행 [g]	ガ [ga]가	ギ [gi]기	グ [gu]구
サ행 [s/sh]	サ [sa]사	シ [shi]시	ス [su]스
ザ행 [z/j]	ザ [za]자	ジ [ji]지	ズ [zu]즈
タ행 [t/ch/ts]	タ [ta]타	チ [chi]치	ツ [tsu]츠
ダ행 [d/j]	ダ [da]다	ヂ [ji]지	ヅ [zu]즈
ナ행 [n]	ナ [na]나	ニ [ni]니	ヌ [nu]누
ハ행 [h]	ハ [ha]하	ヒ [hi]히	フ [fu]후
バ행 [b]	バ [ba]바	ビ [bi]비	ブ [bu]부
パ행 [p]	パ [pa]파	ピ [pi]피	プ [pu]푸
マ행 [m]	マ [ma]마	ミ [mi]미	ム [mu]무
ヤ행 [y]	ヤ [ya]야		ユ [yu]유
ラ행 [r]	ラ [ra]라	リ [ri]리	ル [ru]루
ワ행 [w]	ワ [wa]와		
	ン [n]응		

エ단 [e]	オ단 [o]
エ [e]에	オ [o]오
ケ [ke]케	コ [ko]코
ゲ [ge]게	ゴ [go]고
セ [se]세	ソ [so]소
ゼ [ze]제	ゾ [zo]조
テ [te]테	ト [to]토
デ [de]데	ド [do]도
ネ [ne]네	ノ [no]노
ヘ [he]헤	ホ [ho]호
ベ [be]베	ボ [bo]보
ペ [pe]페	ポ [po]포
メ [me]메	モ [mo]모
	ヨ [yo]요
レ [re]레	ロ [ro]로
	ヲ [o]오

+ャ [ya]	+ュ [yu]	+ョ [yo]
キャ [kya]캬	キュ [kyu]큐	キョ [kyo]쿄
ギャ [gya]갸	ギュ [gyu]규	ギョ [gyo]교
シャ [sha]샤	シュ [shu]슈	ショ [sho]쇼
ジャ [jya]쟈	ジュ [jyu]쥬	ジョ [jyo]죠
チャ [cha]챠	チュ [chu]츄	チョ [cho]쵸
ヂャ [jya]쟈	ヂュ [jyu]쥬	ヂョ [jyo]죠
ニャ [nya]냐	ニュ [nyu]뉴	ニョ [nyo]뇨
ヒャ [hya]햐	ヒュ [hyu]휴	ヒョ [hyo]효
ビャ [bya]뱌	ビュ [byu]뷰	ビョ [byo]뵤
ピャ [pya]퍄	ピュ [pyu]퓨	ピョ [pyo]표
ミャ [mya]먀	ミュ [myu]뮤	ミョ [myo]묘
リャ [rya]랴	リュ [ryu]류	リョ [ryo]료

③ 특수박

일본어 문자는 기본적으로 가나(히라가나·가타카나) 한 글자가 한 음절(청각적으로 경계가 느껴지는 말소리의 단위)과 한 박을 이룹니다. 예를 들어, 'あかい(빨갛다)'라는 단어는 'あ(아) / か(까) / い(이)'라는 세 음절을 세 박으로 발음하게 되지요.

하지만 두 개의 글자가 한 음절인데 두 박으로 발음되는 경우가 있는데, 이를 '특수박'이라고 합니다. 예를 들어, 'おいしい(맛있다)'라는 단어의 'し(시)/い(이)'부분은 し와 い의 경계가 느껴지지 않는 하나의 음절이지만, 두 박으로 발음합니다. 결국 'おいしい(오/이/시-)'라는 단어는 세 음절을 네 박으로 발음하게 됩니다.

'특수박'에는 '장음', '발음(ん)', '촉음(っ)'의 세 종류가 있으며, 이들은 단어 첫머리에는 오지 않고 앞뒤 글자의 발음에 의해 실제 음이 결정된다는 특징이 있습니다. 그럼 이들 특수박에 대해 하나씩 차근차근 배워 보도록 합시다.

(1) 장음 : 2개 이상의 모음이 이어질 경우 앞의 모음을 두 박자만큼 길게 발음합니다. 장음의 유무에 따라 단어의 뜻이 달라질 수 있으니 짧게 발음하지 않도록 주의해 주세요.

발음 규칙		발음 방법	예시
あ단+あ	[a:]	[a]를 두 박자만큼 길게 발음	おかあさん(오까-상-) [oka:saɴ] 어머니
い단+い	[i:]	[i]를 두 박자만큼 길게 발음	おにいさん(오니-상-) [oni:saɴ] 오빠, 형
う단+う	[u:]	[u]를 두 박자만큼 길게 발음	くうき(쿠-끼) [ku:ki] 공기
え단+え / い	[e:]	[e]를 두 박자만큼 길게 발음	おねえさん(오네-상-) [one:saɴ] 언니, 누나 えいが(에-가) [e:ga] 영화
お단+お / う	[o:]	[o]를 두 박자만큼 길게 발음	こおり(코-리) [ko:ri] 얼음 おとうさん(오또-상-) [oto:saɴ] 아버지

(2) 발음 [ん] : 뒤에 오는 자음을 발음하기 위한 입 모양을 한 다음, 콧소리를 내며 발음합니다. 단, 한국어 받침처럼 짧게 발음하지 않도록 주의해 주세요. '발음'은 뒤에 오는 글자의 발음을 편하게 해주기 위한 자연스러운 변화이므로, 규칙을 암기하는 것보다는 많이 듣고 따라 읽으며 습득하는 것이 좋습니다.

발음 규칙		발음 방법	예시
ん + ま행 / ば행 / ぱ행	[m]	'ㅁ' 받침을 한 박자만큼 발음	삼 - 마 さんま [samma] 꽁치 함 - 바 이 はんばい [hambai] 판매 감 - 빠 이 がんぱい [gampai] 건배
ん + さ행 / ざ행 / た행 / だ행 / な행 / ら행	[n]	'ㄴ' 받침을 한 박자만큼 발음	켄 - 사 けんさ [kensa] 검사 한 - 자 이 はんざい [hanzai] 범죄 한 - 따 이 はんたい [hantai] 반대 몬 - 다 이 もんだい [mondai] 문제 안 - 나 이 あんない [annai] 안내 벤 - 리 べんり [benri] 편리
ん + か행 / が행	[ŋ]	'ㅇ' 받침을 한 박자만큼 발음	앙 - 꼬 あんこ [aŋko] 팥소 망 - 가 まんが [maŋga] 만화
① ん + あ행 / や행 / わ행 ② 단어 끝에 ん	[ɴ]	입안 어디에도 혀를 대지 않고 콧소리를 내며 발음 (한국어에 없는 발음)	れんあい [reɴai] 연애 ほんや [hoɴya] 책방 でんわ [deɴwa] 전화 ほん [hoɴ] 책

(3) 촉음 [っ] : つ를 작게 써서 한국어의 받침처럼 발음합니다. 발음 방법은 뒤에 오는 자음을 발음하기 위한 입 모양을 한 박자만큼 유지했다가 발음하면 됩니다. 단, 한국어 받침과 같이 짧게 발음하지 않도록 주의해 주세요.

발음 규칙		발음 방법	예시
っ+か행 [k]	[k]	'ㄱ' 받침을 한 박자만큼 발음	がっき (각-끼) [gakki] 학기
っ+さ행 [s]	[s]	'ㅅ' 받침을 한 박자만큼 발음	けっせき (켓-세끼) [kesseki] 결석
っ+た행 [t]	[t]	'ㄷ' 받침을 한 박자만큼 발음	あさって (아삳-떼) [asatte] 모레
っ+ぱ행 [p]	[p]	'ㅂ' 받침을 한 박자만큼 발음	いっぱい (입-빠이) [ippai] 가득

3. 일본어 문체

일본어에는 크게 두가지 문체, 즉, '정중체'와 '보통체'가 있습니다. '정중체'는 'です/ます'를 붙인 정중한 말로 상대방에게 공손함을 나타내는 문체입니다. '보통체'는 친구나 가까운 사이에서 사용하는 'です/ます'를 붙이지 않은 문체를 말합니다. 또한 '보통체'는 '신문, 메모, 에세이, 블로그' 등에도 사용됩니다.

정중체 (Polite form)	보통체 (Plain form)
A: さむいですね。춥네요. B: そうですね。그렇네요.	A: さむいね。춥네. B: そうね。그렇네.
A: のみますか。마실래요? B: はい、のみます。네, 마실래요.	A: のむ？마실래? B: いや、のまない。아니, 안 마실래.

4. 일본어 품사

일본어는 문법적 기능이나 형태에 따라 단어의 품사를 분류하며, 품사는 아래와 같습니다.

품사		의미	예시
동사(V)	어미활용	사람, 사물의 동작·작용·상태를 나타냄	食べる(먹다) 飲む(마시다)
조동사		동사 뒤에 접속하여 시제, 태 등을 나타냄	た(-했다) たい(-고 싶다)
い형용사 (Aい)		사물의 성질이나 상태를 나타냄 (기본형이 い로 끝난다)	おいしい(맛있다) 暑い(덥다)
な형용사 (NAだ)		사물의 성질이나 상태를 나타냄 (기본형이 だ로 끝난다)	きれいだ(깨끗하다) 元気だ(건강하다)
명사(N)	어미활용X	사람, 사물의 명칭	本(책) 韓国(한국)
부사		동사, い형용사/な형용사를 수식함	ゆっくり(푹) とても(매우)
접속사		문장과 문장, 단어와 단어를 이어 줌	しかし(그러나) それで(그래서)
감동사		응답, 느낌 등을 나타냄	はい(네) あら(어머)
조사		명사 등에 접속하여 단어와 단어의 관계를 나타냄	が(이/가) を(을/를)

5. 일본어 조사

조사	의미	예문
は [wa]	~은/는 (주제)	私(わたし) は イ·ジフです。 (저는 이지후입니다.)
が	~이/가 (주어)	景色(けしき)が とても きれいでした。 (경치가 매우 예뻤습니다.)
を	~을/를 (목적어)	日本語(にほんご)の 勉強(べんきょう)を する。 (일본어 공부를 하다.)
に	~에 (존재의 장소)	コンビニに おでんが あります。 (편의점에 오뎅이 있습니다.)
	~에 (도착점)	家(いえ)に 帰(かえ)る。 (집에 돌아가다.)
へ [e]	~에, ~으로 (방향)	いつ 韓国(かんこく)へ 来(き)ましたか。 (언제 한국에 왔습니까?)
で	~에서 (동작의 장소)	図書館(としょかん)で 勉強(べんきょう)しました。 (도서관에서 공부했습니다.)
から	~므로, ~때문에 (원인, 이유)	のどが渇(かわ)きましたから、何か飲みたいです。 (목이 마르니까, 무언가 마시고 싶습니다.)
	~에서 (시작점)	郵便局(ゆうびんきょく)は何時(なんじ)からですか。 (우체국은 몇 시부터 입니까?)
まで	~까지 (범위의 끝)	郵便局(ゆうびんきょく)は何時(なんじ)までですか。 (우체국은 몇 시까지 입니까?)

と	~와/과 (공동 행위의 대상)	友だちと 話す。 (친구와 이야기하다.)
	~와/과 (열거)	日本語(にほんご)の授業(じゅぎょう)は月曜日(げつようび)と木曜日(もくようび)です。 (일본어 수업은 월요일과 목요일입니다.)
の	~의 (내용 설명)	日本語学校(にほんごがっこう)の 学生(がくせい)です。 (일본어 학교의 학생입니다.)
か	~까 (의문)	イさんは学生ですか。 (이씨는 학생입니까?)

MEMO 이해가 잘 가지 않았던 부분은 아래에 메모하며 다시금 되새겨 봅시다.

CHAPTER 01

일상생활 속 인사말 하기

DAY 001 ___월 ___일

오 하 요 - 고 자 이 마 스

おはようございます。

(아침에 하는 인사) 안녕하세요?

① おはようございます는 아침에 하는 인사말로, '일찍부터 고생하십니다, 일찍부터 열심히 일하시네요' 등의 의미를 갖고 있습니다.

② 손아랫사람, 친한 상대에게는「おはよう」와 같이 축약해서 표현하기도 합니다.

획순 따라 차근차근 써본 후 MP3 들어보기

mp3 001

おはようございます。

おはようございます。

おはようございます。

MP3 듣고 따라 말하며 다섯 번씩 써보기

①

②

③

④

⑤

DAY 002 ___월 ___일

곤 - 니 찌 와
こんにちは。

(낮에 하는 인사) 안녕하세요?

① こんにちは는 낮에 하는 인사말이며, 직역하면 '오늘은'이라는 뜻입니다. '응? 어떻게 '오늘은'이 인사말이지?'라고 생각할 수 있는데, '오늘은' 뒤에 '기분이 어떠신가요?, 날씨가 좋네요' 등의 표현이 생략되어 있다고 보시면 됩니다.

② こんにちは에서 「は」는 '은/는'이라는 뜻의 조사이며 [wa]로 발음합니다.

획순 따라 차근차근 써본 후 MP3 들어보기 mp3 002

こんにちは。 | こんにちは。
こんにちは。 | こんにちは。
こんにちは。 | こんにちは。

MP3 듣고 따라 말하며 다섯 번씩 써보기

①

②

③

④

⑤

DAY 003 ___월 ___일

곰 - 방 - 와
こんばんは。

(밤에 하는 인사) 안녕하세요?

① こんばんは는 밤에 하는 인사말로, 직역하면 '오늘 밤은'이라는 뜻입니다. 이 역시 '오늘 밤은' 뒤에 '기분이 어떠신가요?, 날씨가 좋네요' 등의 표현이 생략되어 있습니다.

② 낮에 하는 인사말에서 언급했던 것처럼 こんばんは에서 「は」는 '은/는'이라는 뜻의 조사이며 [wa]로 발음합니다.

획순 따라 차근차근 써본 후 MP3 들어보기 mp3 003

こんばんは。 | こんばんは。
こんばんは。 | こんばんは。
こんばんは。 | こんばんは。

MP3 듣고 따라 말하며 다섯 번씩 써보기

①

②

③

④

⑤

DAY 004 ___월 ___일

아리가또-고자이마스
ありがとうございます。

감사합니다.

① ありがとうございます는 감사를 표할 때 쓰는 인사말로, 직역하면 '있기 어렵습니다, 진귀합니다'라는 뜻입니다. 이 표현은 감사한 일이 좀처럼 없단 걸 뜻하는 데서 유래된 표현입니다.

② 손아랫사람, 친한 상대에게는「ありがとう」만 사용하기도 합니다.

획순 따라 차근차근 써본 후 MP3 들어보기 mp3 004

ありがとうございます。

ありがとうございます。

ありがとうございます。

MP3 듣고 따라 말하며 다섯 번씩 써보기

①

②

③

④

⑤

DAY 005 ___월 ___일

스 미 마 셍 -
すみません。

죄송합니다.

① すみません은 주로 사과할 때 쓰는 인사말입니다. 죄송한 마음, 걱정 등으로 말끔한 기분이 들지 않는다는 의미에서 유래된 표현입니다.

② 또한 위 표현은 사죄의 뜻 외에도 감사를 표하거나 사람을 부를 때(= 여기요, 저기요)에도 사용합니다.

획순 따라 차근차근 써본 후 MP3 들어보기 mp3 005

すみません。 | すみません。
すみません。 | すみません。
すみません。 | すみません。

MP3 듣고 따라 말하며 다섯 번씩 써보기

①

②

③

④

⑤

DAY 006 ___월 ___일

사 요 - 나 라
さようなら。

안녕히 가세요.

① さようなら는 오랫동안 헤어질 경우에 하는 인사말로, '안녕히 가세요', 혹은 '안녕히 계세요'라는 의미를 갖고 있습니다.

② さようなら를 직역하면 '그러면'이라는 뜻인데, 이 뒤에 '이제 실례하겠습니다' 라는 표현이 생략되어 있습니다.

획순 따라 차근차근 써본 후 MP3 들어보기

mp3 006

さようなら。 | さようなら。
さようなら。 | さようなら。
さようなら。 | さようなら。

MP3 듣고 따라 말하며 다섯 번씩 써보기

①

②

③

④

⑤

DAY 007 ___월 ___일

오 사 끼 니 시 쯔 레 - 시 마 스
おさきに しつれいします。

먼저 실례하겠습니다.

① おさきに しつれいします는 회사 등 여러 사람과 함께 있는 장소에서 먼저 자리를 떠날 때 하는 인사말입니다.

② 손아랫사람, 친한 상대에게는「おさきに(먼저)」만 사용하기도 합니다.

획순 따라 차근차근 써본 후 MP3 들어보기 mp3 007

おさきに しつれいします。

おさきに しつれいします。

おさきに しつれいします。

MP3 듣고 따라 말하며 다섯 번씩 써보기

①

②

③

④

⑤

DAY 008 ___월 ___일

이 따 다 끼 마 스
いただきます。

잘 먹겠습니다.

① いただきます는 식사를 하기 전에 하는 인사말로, 식사를 제공해 준 사람뿐 아니라 식재료에 대한 감사를 표하는 말입니다.

② 현재는 단순한 식전 인사로 쓰이며, 자신이 요리를 한 음식을 먹을 때나 혼자 밥을 먹을 때에도 사용합니다.

획순 따라 차근차근 써본 후 MP3 들어보기

mp3 008

いただきます。

いただきます。

いただきます。

MP3 듣고 따라 말하며 다섯 번씩 써보기

①

②

③

④

⑤

DAY 009 ___월 ___일

고 찌 소 - 사 마 데 시 따
ごちそうさまでした。

잘 먹었습니다.

① ごちそうさまでした는 식사 후에 하는 인사말로, 융숭한 식사 대접을 받았다는 의미를 가진 표현입니다.

② 현재는 단순한 식후 인사로 사용되는 경우가 많습니다.

획순 따라 차근차근 써본 후 MP3 들어보기

mp3 009

ごちそうさまでした。

ごちそうさまでした。

ごちそうさまでした。

MP3 듣고 따라 말하며 다섯 번씩 써보기

①

②

③

④

⑤

DAY 010 ___월 ___일

오 야 스 미 나 사 이

おやすみなさい。

안녕히 주무세요.

① おやすみなさい는 자기 전에 하는 인사말로, 직역하면 '쉬세요'라는 의미를 가진 표현입니다.

② 손아랫사람, 친한 상대에게는「おやすみ」만 사용하기도 합니다.

획순 따라 차근차근 써본 후 MP3 들어보기

mp3 010

おやすみなさい。

おやすみなさい。

おやすみなさい。

MP3 듣고 따라 말하며 다섯 번씩 써보기

①

②

③

④

⑤

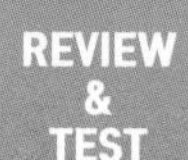

01. 아래의 문장들을 소리 내어 읽으며 복습해 보세요.

오하요-고자이마스 おはようございます。	(아침에 하는 인사) 안녕하세요?
곤-니찌와 こんにちは。	(낮에 하는 인사) 안녕하세요?
곰-방-와 こんばんは。	(밤에 하는 인사) 안녕하세요?
아리가또-고자이마스 ありがとうございます。	감사합니다.
스미마셍- すみません。	죄송합니다.
사요-나라 さようなら。	안녕히 가세요.
오사끼니 시쯔레-시마스 おさきに しつれいします。	먼저 실례하겠습니다.
이따다끼마스 いただきます。	잘 먹겠습니다.
고찌소-사마데시따 ごちそうさまでした。	잘 먹었습니다.
오야스미나사이 おやすみなさい。	안녕히 주무세요.

02. 앞서 배운 문장을 일본어로 쓸 수 있는지 테스트를 통해 확인해 보세요. (정답 p.044)

① (아침에 하는 인사) 안녕하세요?

→

② (낮에 하는 인사) 안녕하세요?

→

③ (밤에 하는 인사) 안녕하세요?

→

④ 감사합니다.

→

⑤ 죄송합니다.

→

⑥ 안녕히 가세요.

→

⑦ 먼저 실례하겠습니다.

→

⑧ 잘 먹겠습니다.

→

⑨ 잘 먹었습니다.

→

⑩ 안녕히 주무세요.

→

정답 확인

① おはようございます。

② こんにちは。

③ こんばんは。

④ ありがとうございます。

⑤ すみません。

⑥ さようなら。

⑦ おさきに しつれいします。

⑧ いただきます。

⑨ ごちそうさまでした。

⑩ おやすみなさい。

MEMO 틀린 문장이 있을 경우 아래에 몇 번씩 반복해서 써보세요.

CHAPTER 02

직업, 국적, 관계 말하기

DAY 011 ___월 ___일

이 지 후 데 스
イ・ジフです。

이지후입니다.

① 「Nです」=「~입니다」

イ·ジフです。= 이지후입니다.

명사 뒤에 'です'를 붙이면 '~입니다'라는 정중한 표현이 됩니다.

② 자신에 대해 이야기할 때는, '나/저(わたし)는'을 생략하는 경우가 많습니다.

MP3 듣고 따라 말하며 세 번씩 써보기
mp3 011

①

②

③

응용해서 써본 후 MP3 듣고 따라 말하기
mp3 012

① 학생입니다. [학생 = がくせい(각 - 세 -)]

→

② 회사원입니다. [회사원 = かいしゃいん(카 이 샤 잉 -)]

→

① がくせいです。

② かいしゃいんです。

와 따 시 와 캉 - 꼬 꾸 진 - 데 스
わたしは かんこくじんです。

저는 한국인입니다.

① 「Nは Nです」 = 「~은/는 ~입니다」

わたしは かんこくじんです。= 저는 한국인입니다.

'(명사+)は'는 '~은/는'이라는 뜻의 주제/화제를 나타내는 조사이며, [wa]로 발음합니다.

② わたし = 나/저, かんこくじん = 한국인

MP3 듣고 따라 말하며 세 번씩 써보기 mp3 013

①

②

③

응용해서 써본 후 MP3 듣고 따라 말하기 mp3 014

① 왕 씨는 중국인입니다. [왕 씨 = ワンさん(왕 - 상 -), 중국인 = ちゅうごくじん(츄 - 고 꾸 징 -)]

→

② 야마다 씨는 일본인입니다. [야마다 씨 = やまださん(야 마 다 상 -), 일본인 = にほんじん(니 혼 - 징 -)]

→

① ワンさんは ちゅうごくじんです。

② やまださんは にほんじんです。

DAY 013 ___월 ___일

이 상 - 와 각 - 세 - 데 스 까
イさんは がくせいですか。

이 씨는 학생입니까?

① 「Nは Nですか」 = 「~은/는 ~입니까」

イさんは がくせいですか。 = 이 씨는 학생입니까?

'~です' 뒤에 'か'를 붙이면 '~입니까'라는 의문 표현이 됩니다.

② さん = ~ 씨 (이름, 직업 등에 붙어 존경의 의미를 나타냄)

がくせい = 학생

MP3 듣고 따라 말하며 세 번씩 써보기	mp3 015

①

②

③

응용해서 써본 후 MP3 듣고 따라 말하기	mp3 016

① 야마다 씨는 회사원입니까?

→

② 김 씨는 선생님입니까? [김 씨 = キムさん(기 무 상 -), 선생님 = せんせい(센 - 세 -)]

→

① やまださんは かいしゃいんですか。

② キムさんは せんせいですか。

DAY 014 ___월 ___일

니 홍 - 고 각 - 꼬 - 노 각 - 세 - 데 스

にほんごがっこうの がくせいです。

일본어 학교의 학생입니다.

①「Nの Nです」=「~의 ~입니다」(소속, 국적)

にほんごがっこうの がくせいです。= 일본어 학교의 학생입니다.

명사와 명사 사이의 'の'는 '~의'라는 뜻의 조사이며, 소속, 국적, 관계 등 다양한 의미를 나타냅니다.

위의 경우 '소속'을 나타내는 의미로 쓰였습니다.

② にほんごがっこう = 일본어 학교

MP3 듣고 따라 말하며 세 번씩 써보기 mp3 017

①

②

③

응용해서 써본 후 MP3 듣고 따라 말하기 mp3 018

① 한국의 ~(본인의 이름)입니다. [한국 = かんこく(캉-꼬꾸)]

→

② 일본어 학교의 선생님입니다. [선생님 = せんせい(센-세-)]

→

① かんこくの (본인의 이름) です。

② にほんごがっこうの せんせいです。

DAY 015 ___월 ___일

이 시 다 상 - 노 토 모 다 찌 데 스
いしださんの ともだちです。

이시다 씨의 친구입니다.

①「NのNです」=「~의 ~입니다」(관계)

いしださんの ともだちです。= 이시다 씨의 친구입니다.

② ともだち = 친구

MP3 듣고 따라 말하며 세 번씩 써보기 mp3 019

①

②

③

응용해서 써본 후 MP3 듣고 따라 말하기 mp3 020

① 나의 남자친구입니다. [남자친구 = かれし]

→

② 이시다 씨의 선생님입니까?

→

① わたしの かれしです。

② いしださんの せんせいですか。

DAY 016 ___월 ___일

칸 - 꼬 꾸 진 - 데 다 이 각 - 세 - 데 스

かんこくじんで、だいがくせいです。

한국인이고 대학생입니다.

①「Nで、Nです」=「~이고/이며 ~입니다」

かんこくじんで、だいがくせいです。= 한국인이고 대학생입니다.

명사와 명사 사이에 'で'를 넣으면 '~(이)고, (으)로서'라는 연결 표현이 됩니다.

② だいがくせい = 대학생

MP3 듣고 따라 말하며 세 번씩 써보기 mp3 021

①

②

③

응용해서 써본 후 MP3 듣고 따라 말하기 mp3 022

① 한국인이고 회사원입니다.

→

② 일본인이고 선생님입니다.

→

① かんこくじんで、かいしゃいんです。

② にほんじんで、せんせいです。

DAY 017 ___월 ___일

카 이 샤 잉 - 쟈 아 리 마 셍 -

かいしゃいんじゃ ありません。

회사원이 아닙니다.

① 「Nじゃ ありません」 = 「~이/가 아닙니다」

かいしゃいんじゃ ありません。= 회사원이 아닙니다.

명사 뒤에 'じゃ ありません'을 붙이면, '~이/가 아닙니다'라는 의미의 부정 표현이 됩니다.

② かいしゃいん = 회사원

MP3 듣고 따라 말하며 세 번씩 써보기 mp3 023

①

②

③

응용해서 써본 후 MP3 듣고 따라 말하기 mp3 024

① 저는 일본인이 아닙니다.

→

② 대학생이 아닙니다.

→

① わたしは にほんじんじゃ ありません。

② だいがくせいじゃ ありません。

01. 다음 표를 보며 앞서 배운 문형을 복습해 보세요.

NはNです	~은/는 ~입니다
NはNじゃ ありません	~이/가 아닙니다
NのNです	~의(소속, 국적, 관계) ~입니다
Nで、Nです	~(이)고 / (으)로서, ~입니다

02. 앞서 배운 문장을 일본어로 쓸 수 있는지 테스트를 통해 확인해 보세요. (정답 p054)

① 저는 학생입니다.

→

② 저는 한국인입니다.

→

③ 이 씨는 학생입니까?

→

④ 일본어 학교의 학생입니다.

→

⑤ 이시다 씨의 친구입니다.

→

⑥ 한국인이고 대학생입니다.

→

⑦ 회사원이 아닙니다.

→

정답
확인

① わたしは がくせいです。

② わたしは かんこくじんです。

③ イさんは がくせいですか。

④ にほんごがっこうの がくせいです。

⑤ いしださんの ともだちです。

⑥ かんこくじんで、だいがくせいです。

⑦ かいしゃいんじゃ ありません。

MEMO 틀린 문장이 있을 경우 아래에 몇 번씩 반복해서 써보세요.

CHAPTER 03

전화번호, 요일, 시간 말하기

DAY 018 ___월 ___일

パスワードは いちにさんよんです。

비밀번호는 일이삼사입니다.

① 일본어 숫자 1~10까지는 다음과 같이 말합니다.

1	2	3	4	5	6	7	8	9	10
いち	に	さん	よん	ご	ろく	なな	はち	きゅう	じゅう

② パスワード = 비밀번호

「パスワードは …です」=「비밀번호는 …입니다」

MP3 듣고 따라 말하며 세 번씩 써보기 mp3 025

①

②

③

응용해서 써본 후 MP3 듣고 따라 말하기 mp3 026

① 비밀번호는 5678입니다.

→

② 비밀번호는 1369입니다.

→

① パスワードは ごろくななはちです。

② パスワードは いちさんろくきゅうです。

DAY 019 ___월 ___일

電話番号(でんわばんごう)は 何番(なんばん)ですか。

전화번호는 몇 번입니까?

① 何番(なんばん) = 몇 번, 電話番号(でんわばんごう) = 전화번호

「Nは 何番(なんばん)ですか」 = 「~은/는 몇 번입니까」

電話番号(でんわばんごう)は 何番(なんばん)ですか。= 전화번호는 몇 번입니까?

② '~의 전화번호는 몇 번입니까'라고 묻고 싶을 때에는 앞에 '~の'를 넣으면 됩니다.

携帯(けいたい)の 電話番号(でんわばんごう)は 何番(なんばん)ですか。휴대폰(의) 전화번호는 몇 번입니까?

MP3 듣고 따라 말하며 세 번씩 써보기

mp3 027

①

②

③

응용해서 써본 후 MP3 듣고 따라 말하기

mp3 028

① 휴대폰의 전화번호는 몇 번입니까? [휴대폰 = 携帯(けいたい)]

→

② 댁(의) 전화번호는 몇 번입니까? [댁 = お宅(たく)]

→

① 携帯(けいたい)の 電話番号(でんわばんごう)は 何番(なんばん)ですか。

② お宅(たく)の 電話番号(でんわばんごう)は 何番(なんばん)ですか。

DAY 020 ___월 ___일

携帯の電話番号は ゼロいちゼロの
にさんよんごの ろくななはちきゅうです。

(けいたい でんわばんごう)

휴대폰(의) 전화번호는 공일공 이삼사오 육칠팔구입니다.

① 전화번호를 말할 때 '0'은 'ゼロ' 혹은 'まる'라고 하며, 010-2345-6789에서 '-'는 'の'라고 합니다.

「OOO-XXX-△△△ = OOOの XXXの △△△」

010-2345-6789 (공일공 이삼사오 육칠팔구)

= ゼロいちゼロの にさんよんごの ろくななはちきゅう

② 携帯(けいたい) = 휴대폰 (携帯電話(けいたいでんわ)의 줄임말)

MP3 듣고 따라 말하며 세 번씩 써보기 mp3 029

①

②

③

응용해서 써본 후 MP3 듣고 따라 말하기 mp3 030

① au(의) 전화번호는 0120-977-033입니다.

→

② 구급차(의) 전화번호는 119입니다. [구급차 = 救急車(きゅうきゅうしゃ)]

→

① auの 電話番号(でんわばんごう)は ゼロいちにゼロの きゅうなななななの ゼロさんさんです。

② 救急車(きゅうきゅうしゃ)の 電話番号(でんわばんごう)は いちいちきゅうです。

DAY 021 ___월 ___일

今(いま)は 何時(なんじ)ですか。

지금은 몇 시입니까?

① 何時(なんじ) = 몇 시

「Nは 何時(なんじ)ですか」 = 「~은/는 몇 시입니까」

今(いま)は 何時(なんじ)ですか。 = 지금은 몇 시입니까?

② 今(いま) = 지금

MP3 듣고 따라 말하며 세 번씩 써보기 mp3 031

①

②

③

응용해서 써본 후 MP3 듣고 따라 말하기 mp3 032

① 막차(= 마지막 전차)는 몇 시입니까? [막차 = 終電(しゅうでん)]

→

② 체크아웃은 몇 시입니까? [체크아웃 = チェックアウト]

→

① 終電(しゅうでん)は 何時(なんじ)ですか。

② チェックアウトは 何時(なんじ)ですか。

DAY 022 ___월 ___일

10時(じゅうじ)です。

10시입니다.

① 時(じ) = 시, 「…時(じ)です」 = 「…시입니다」

② 일본어로 1시 ~ 12시는 아래와 같이 말합니다.

1時 いちじ	2時 にじ	3時 さんじ	4時 よじ	5時 ごじ	6時 ろくじ
7時 しちじ	8時 はちじ	9時 くじ	10時 じゅうじ	11時 じゅういちじ	12時 じゅうにじ

MP3 듣고 따라 말하며 세 번씩 써보기 mp3 033

①

②

③

응용해서 써본 후 MP3 듣고 따라 말하기 mp3 034

① 막차는 12시입니다.

→

② 체크아웃은 9시입니다.

→

① 終電(しゅうでん)は 12時(じゅうにじ)です。

② チェックアウトは 9時(くじ)です。

DAY 023 ___월 ___일

よじ さんじゅっぷん
4時 30 分です。

4시 30분입니다.

① ふん / ぷん 分 = 분, 「… ふん / ぷん 分です」 = 「…분입니다」

② 일본어로 분(10분 단위)은 아래와 같이 말합니다. (30分은 '半(반)'이라고도 말함)

10分	20分	30分
じゅっぷん	にじゅっぷん	さんじゅっぷん
40分	50分	何分(몇 분)
よんじゅっぷん	ごじゅっぷん	なんぷん

MP3 듣고 따라 말하며 세 번씩 써보기 mp3 035

①

②

③

응용해서 써본 후 MP3 듣고 따라 말하기 mp3 036

① 2시 20분입니다.

→

② 9시 반입니다.

→

① にじ にじゅっぷん 2時20分です。

② くじはん 9時半です。

DAY 024 ___월 ___일

郵便局(ゆうびんきょく)は 何時(なんじ)から 何時(なんじ)までですか。

우체국은 몇 시부터 몇 시까지입니까?

① 何時(なんじ)から = 몇 시부터

何時(なんじ)まで = 몇 시까지

「Nは 何時(なんじ)から 何時(なんじ)までですか」 = 「~은/는 몇 시부터 몇 시까지입니까」

郵便局(ゆうびんきょく)は 何時(なんじ)から何時(なんじ)までですか。 = 우체국은 몇 시부터 몇 시까지입니까?

② 郵便局(ゆうびんきょく) = 우체국

MP3 듣고 따라 말하며 세 번씩 써보기 mp3 037

①

②

③

응용해서 써본 후 MP3 듣고 따라 말하기 mp3 038

① 백화점은 몇 시부터 몇 시까지입니까? [백화점 = デパート]

→

② 은행은 몇 시부터 몇 시까지입니까? [은행= 銀行(ぎんこう)]

→

① デパートは 何時(なんじ)から 何時(なんじ)までですか。

② 銀行(ぎんこう)は 何時(なんじ)から 何時(なんじ)までですか。

DAY 025 ___월 ___일

9時(くじ)から6時(ろくじ)までです。

9시부터 6시까지입니다.

① 'から(부터)'는 시작점을 나타내는 조사, 'まで(까지)'는 범위의 끝을 나타내는 조사입니다.
이 두 표현은 위와 같이 시간의 범위를 나타낼 때 사용할 수 있고, 또한 장소의 범위를 나타낼 때에도 사용할 수 있습니다.

② ~から = ~부터, …まで = …까지
「~から …までです」=「~부터 …까지입니다」
9時(くじ)から 6時(ろくじ)までです。= 9시부터 6시까지입니다.

MP3 듣고 따라 말하며 세 번씩 써보기 mp3 039

①

②

③

응용해서 써본 후 MP3 듣고 따라 말하기 mp3 040

① 10시부터 12시까지입니다.

→

② 4시부터 7시까지입니다.

→

① 10時(じゅうじ)から 12時(じゅうにじ)までです。

② 4時(よじ)から 7時(しちじ)までです。

DAY 026 ___월 ___일

日本語(にほんご)の授業(じゅぎょう)は 何曜日(なんようび)ですか。

일본어 수업은 무슨 요일입니까?

① 何曜日(なんようび) = 무슨 요일

「Nは 何曜日(なんようび)ですか」 = 「~은/는 무슨 요일입니까」

授業(じゅぎょう)は 何曜日(なんようび)ですか。 = 수업은 무슨 요일입니까?

日本語(にほんご)の授業(じゅぎょう)は 何曜日(なんようび)ですか。 = 일본어 수업은 무슨 요일입니까?

② 日本語(にほんご) = 일본어, 授業(じゅぎょう) = 수업

MP3 듣고 따라 말하며 세 번씩 써보기

mp3 041

①

②

③

응용해서 써본 후 MP3 듣고 따라 말하기

mp3 042

① 출장은 무슨 요일입니까? [출장 = 出張(しゅっちょう)]

→

② 휴일은 무슨 요일입니까? [휴일 = 休(やす)み]

→

① 出張(しゅっちょう)は 何曜日(なんようび)ですか。

② 休(やす)みは 何曜日(なんようび)ですか。

DAY 027 ___월 ___일

日本語(にほんご)の 授業(じゅぎょう)は 月曜日(げつようび)と 木曜日(もくようび)です。

일본어 수업은 월요일과 목요일입니다.

① 일본어로 '요일'은 '曜日(ようび)'이며, '월(요일)~일(요일)'은 다음과 같이 말합니다.

월요일	화요일	수요일	목요일	금요일	토요일	일요일
月曜日(げつようび)	火曜日(かようび)	水曜日(すいようび)	木曜日(もくようび)	金曜日(きんようび)	土曜日(どようび)	日曜日(にちようび)

② 'と'는 몇 가지 사항을 열거할 때 사용되는 조사이며, 뜻은 '와/과'입니다.

月曜日(げつようび)と 木曜日(もくようび) = 월요일과 목요일

MP3 듣고 따라 말하며 세 번씩 써보기 mp3 043

①

②

③

응용해서 써본 후 MP3 듣고 따라 말하기 mp3 044

① 출장은 수요일입니다.

→

② 휴일은 토요일과 일요일입니다.

→

① 出張(しゅっちょう)は 水曜日(すいようび)です。

② 休(やす)みは 土曜日(どようび)と 日曜日(にちようび)です。

REVIEW & TEST

01. 다음 표를 큰 소리로 읽으며 앞서 배운 내용을 복습해 보세요.

☐ 표현

何番(なんばん)ですか	몇 번입니까?
何時(なんじ)ですか	몇 시입니까?
何曜日(なんようび)ですか	무슨 요일입니까?
~から…まで	~부터 …까지

☐ 일본어 숫자 1-10

1	2	3	4	5	6	7	8	9	10
いち	に	さん	よん	ご	ろく	なな	はち	きゅう	じゅう

☐ 일본어 시간

〈시〉

1時 いちじ	2時 にじ	3時 さんじ	4時 よじ	5時 ごじ	6時 ろくじ
7時 しちじ	8時 はちじ	9時 くじ	10時 じゅうじ	11時 じゅういちじ	12時 じゅうにじ

〈분〉

10分	20分	30分
じゅっぷん	にじゅっぷん	さんじゅっぷん
40分	50分	何分
よんじゅっぷん	ごじゅっぷん	なんぷん

☐ 일본어 요일

월요일	화요일	수요일	목요일	금요일	토요일	일요일
月曜日(げつようび)	火曜日(かようび)	水曜日(すいようび)	木曜日(もくようび)	金曜日(きんようび)	土曜日(どようび)	日曜日(にちようび)

02. 앞서 배운 문장을 일본어로 쓸 수 있는지 테스트를 통해 확인해 보세요. (정답 p.068)

① 비밀번호는 일이삼사입니다.

→

② 전화번호는 몇 번입니까?

→

③ 휴대폰 전화번호는 공일공 이삼사오 육칠팔구입니다.

→

④ 지금은 몇 시입니까?

→

⑤ 10시입니다.

→

⑥ 4시 30분입니다.

→

⑦ 우체국은 몇 시부터 몇 시까지입니까?

→

⑧ 9시부터 6시까지입니다.

→

⑨ 일본어 수업은 무슨 요일입니까?

→

⑩ 일본어 수업은 월요일입니다.

→

정답 확인

① パスワードは いちにさんよんです。

② 電話番号(でんわばんごう)は 何番(なんばん)ですか。

③ 携帯(けいたい)の 電話番号(でんわばんごう)は ゼロいちゼロの にさんよんごの ろくななはちきゅうです。

④ 今(いま)は 何時(なんじ)ですか。

⑤ 10時(じゅうじ)です。

⑥ 4時(よじ) 30 分(さんじゅっぷん)です。

⑦ 郵便局(ゆうびんきょく)は 何時(なんじ)から何時(なんじ)までですか。

⑧ 9時(くじ)から6時(ろくじ)までです。

⑨ 日本語(にほんご)の 授業(じゅぎょう)は 何曜日(なんようび)ですか。

⑩ 日本語(にほんご)の 授業(じゅぎょう)は 月曜日(げつようび)です。

MEMO 틀린 문장이 있을 경우 아래에 몇 번씩 반복해서 써보세요.

CHAPTER 04

현재의 상태나 성질, 감정 말하기

DAY 028 ___월 ___일

スマホは便利(べんり)です。

스마트폰은 편리합니다.

① 기본형이 'NA(어간)+だ'인 형용사를 'な형용사'라고 합니다.

便利(べんり)だ = 편리하다

「NAだ」→「NAです」=「~합니다」

便利(べんり)です。= 편리합니다.

② スマホ = 스마트폰 (スマートフォン의 줄임말)

MP3 듣고 따라 말하며 세 번씩 써보기 mp3 045

①

②

③

응용해서 써본 후 MP3 듣고 따라 말하기 mp3 046

① 이시다 씨는 친절합니다. [친절하다 = 親切(しんせつ)だ]

→

② 저 사람은 유명합니다. [저 = あの, 사람 = 人(ひと), 유명하다 = 有名(ゆうめい)だ]

→

① 石田(いしだ)さんは親切(しんせつ)です。

② あの人(ひと)は有名(ゆうめい)です。

DAY 029 ___월 ___일

キムさんは まじめな 人(ひと)です。

김 씨는 성실한 사람입니다.

① まじめだ = 성실하다

「NAだ」→「NAな N」=「~한 N」

まじめだ → まじめな 人(ひと) = 성실한 사람

② 人(ひと) = 사람

MP3 듣고 따라 말하며 세 번씩 써보기 — mp3 047

①

②

③

응용해서 써본 후 MP3 듣고 따라 말하기 — mp3 048

① 이시다 씨는 친절한 사람입니다.

→

② 저 사람은 유명한 가수입니다. [가수 = 歌手(かしゅ)]

→

① 石田(いしだ)さんは 親切(しんせつ)な 人(ひと)です。

② あの人(ひと)は 有名(ゆうめい)な 歌手(かしゅ)です。

DAY 030 ___월 ___일

あの レストランは あまり 親切(しんせつ)じゃ ありません。

저 레스토랑은 별로 친절하지 않습니다.

① 親切だ = 친절하다

「NAだ」→「NAじゃ ありません」=「~하지 않습니다」

親切(しんせつ)だ → 親切(しんせつ)じゃ ありません。= 친절하지 않습니다.

あまり 親切(しんせつ)じゃ ありません。= 별로 친절하지 않습니다.

② あまり = '별로'라는 뜻의 부사, レストラン = 레스토랑

MP3 듣고 따라 말하며 세 번씩 써보기 mp3 049

①

②

③

응용해서 써본 후 MP3 듣고 따라 말하기 mp3 050

① 이시다 씨는 별로 친절하지 않습니다.

→

② 저 사람은 별로 유명하지 않습니다.

→

① 石田(いしだ)さんは あまり 親切(しんせつ)じゃ ありません。

② あの人(ひと)は あまり 有名(ゆうめい)じゃ ありません。

DAY 031 ___월 ___일

東京(とうきょう)スカイツリーは 有名(ゆうめい)で にぎやかです。

도쿄 스카이트리는 유명하고 번화합니다.

① 有名(ゆうめい)だ = 유명하다

「NAだ」→「NAで」=「~하고」

有名(ゆうめい)だ → 有名(ゆうめい)で = 유명하고

有名(ゆうめい)でにぎやかです。= 유명하고 번화합니다.

② 'にぎやかだ'는 '번화하다'라는 뜻의 'な형용사'입니다.

MP3 듣고 따라 말하며 세 번씩 써보기 mp3 051

①

②

③

응용해서 써본 후 MP3 듣고 따라 말하기 mp3 052

① 이시다 씨는 친절하고 예쁩니다. [예쁘다 = きれいだ]

→

② 저 사람은 유명하고 성실합니다.

→

① 石田(いしだ)さんは 親切(しんせつ)で きれいです。

② あの人(ひと)は 有名(ゆうめい)で まじめです。

DAY 032 ___월 ___일

今日(きょう)は 暑(あつ)いです。

오늘은 덥습니다.

① 기본형이 'A(어간)+い'인 형용사를 'い형용사'라고 합니다.

暑(あつ)い = 덥다

「Aい」→「Aいです」=「~습니다」

暑(あつ)いです。= 덥습니다.

② 今日(きょう) = 오늘

MP3 듣고 따라 말하며 세 번씩 써보기 mp3 053

①

②

③

응용해서 써본 후 MP3 듣고 따라 말하기 mp3 054

① 다나카 씨는 재미있습니다. [재미있다 = おもしろい]

→

② 이 라면은 맛있습니다. [이 = この, 라면 = ラーメン, 맛있다 = おいしい]

→

① 田中(たなか)さんは おもしろいです。

② この ラーメンは おいしいです。

DAY 033 ___월 ___일

田中(たなか)さんは かっこいい 人(ひと)です。

다나카 씨는 멋있는 사람입니다.

① かっこいい = 멋있다 / 멋있는

「Aい」→「Aい N」=「~한 N」

かっこいい → かっこいい 人(ひと) = 멋있는 사람

② 'い형용사'는 기본형 형태 그대로 뒤에 오는 명사를 꾸며 줄 수 있습니다.

MP3 듣고 따라 말하며 세 번씩 써보기 mp3 055

①

②

③

응용해서 써본 후 MP3 듣고 따라 말하기 mp3 056

① 다나카 씨는 재미있는 사람입니다.

→

② 맛있는 라면입니다.

→

① 田中(たなか)さんは おもしろい 人(ひと)です。

② おいしい ラーメンです。

DAY 034 ___월 ___일

この キムチは 辛(から)く ないです。

이 김치는 맵지 않습니다.

① 辛(から)い = 맵다 / 매운

「Aい」→「Aく ないです」=「～지 않습니다」

辛(から)い → 辛(から)く ないです。= 맵지 않습니다.

② 'この'는 '이'라는 뜻이며 뒤에 오는 명사(キムチ = 김치)를 가리킵니다.

MP3 듣고 따라 말하며 세 번씩 써보기 mp3 057

①

②

③

응용해서 써본 후 MP3 듣고 따라 말하기 mp3 058

① 다나카 씨는 별로 재미있지 않습니다.

→

② 이 라면은 별로 맛있지 않습니다.

→

① 田中(たなか)さんは あまり おもしろく ないです。

② この ラーメンは あまり おいしく ないです。

DAY 035 ___월 ___일

マンゴーは 甘(あま)くて おいしいです。

망고는 달고 맛있습니다.

① 甘(あま)い = 달다 / 단

「Aい」→「Aくて」=「~고」

甘(あま)い → 甘(あま)くて = 달고

② マンゴー = 망고

MP3 듣고 따라 말하며 세 번씩 써보기 mp3 059

①

②

③

응용해서 써본 후 MP3 듣고 따라 말하기 mp3 060

① 다나카 씨는 재미있고 멋있습니다. [멋있다, 멋있는 = かっこいい]

→

② 이 라면은 맛있고 쌉니다. [싸다, 싼 = 安(やす)い]

→

① 田中(たなか)さんは おもしろくて かっこいいです。

② この ラーメンは おいしくて 安(やす)いです。

01. 다음 표를 보며 앞서 배운 문형을 복습해 보세요.

		な형용사	い형용사
기본형		NAだ	Aい
		便利(べんり)だ = 편리하다 きれいだ = 예쁘다	おもしろい = 재미있다 おいしい = 맛있다
연결형		NAで	Aくて
		便利(べんり)で = 편리하고, 편리해서 きれいで = 예쁘고, 예뻐서	おもしろくて = 재미있고, 재미있어서 おいしくて = 맛있고, 맛있어서
현재	긍정	NAです	Aいです
		便利(べんり)です = 편리합니다 きれいです = 예쁩니다	おもしろいです = 재미있습니다 おいしいです = 맛있습니다
	부정	NAじゃ ありません	Aく ないです
		便利(べんり)じゃ ありません = 편리하지 않습니다 きれいじゃ ありません = 예쁘지 않습니다	おもしろく ないです = 재미있지 않습니다 おいしく ないです = 맛있지 않습니다

※ ありません = ないです

02. 앞서 배운 문장을 일본어로 쓸 수 있는지 테스트를 통해 확인해 보세요. (정답 p080)

① 스마트폰은 편리합니다.

→

② 이시다 씨는 친절합니다.

→

③ 김 씨는 성실한 사람입니다.

→

④ 저 레스토랑은 별로 친절하지 않습니다.

→

⑤ 저 사람은 별로 유명하지 않습니다.

→

⑥ 도쿄 스카이트리는 유명하고 번화합니다.

→

⑦ 오늘은 덥습니다.

→

⑧ 다나카 씨는 멋있는 사람입니다.

→

⑨ 이 김치는 맵지 않습니다.

→

⑩ 망고는 달고 맛있습니다.

→

정답 확인

① スマホは 便利(べんり)です。

② 石田(いしだ)さんは 親切(しんせつ)です。

③ キムさんは まじめな人(ひと)です。

④ あの レストランは あまり 親切(しんせつ)じゃ ありません。

⑤ あの人(ひと)は あまり 有名(ゆうめい)じゃ ありません。

⑥ 東京(とうきょう)スカイツリーは 有名(ゆうめい)で にぎやかです。

⑦ 今日(きょう)は 暑(あつ)いです。

⑧ 田中(たなか)さんは かっこいい 人です。

⑨ この キムチは 辛(から)く ないです。

⑩ マンゴーは 甘(あま)くて おいしいです。

MEMO 틀린 문장이 있을 경우 아래에 몇 번씩 반복해서 써보세요.

CHAPTER 05

과거의 상태나 성질, 감정 말하기

DAY 036 ___월 ___일

昔(むかし)、ここは公園(こうえん)でした。

옛날, 이곳은 공원이었습니다.

① 公園(こうえん) = 공원

「Nでした」=「~이었습니다」

公園(こうえん)でした。= 공원이었습니다.

② 昔(むかし) = 옛날, ここ = 이곳, 여기

MP3 듣고 따라 말하며 세 번씩 써보기 mp3 061

①

②

③

응용해서 써본 후 MP3 듣고 따라 말하기 mp3 062

① 그가 범인이었습니다. [그 = 彼(かれ), 범인 = 犯人(はんにん)]

→

② 어제는 비였습니다. (= 비가 왔습니다) [어제 = 昨日(きのう), 비 = 雨(あめ)]

→

① 彼(かれ)が犯人(はんにん)でした。

② 昨日(きのう)は雨(あめ)でした。

DAY 037 ___월 ___일

景色(けしき)が とても きれいでした。

경치가 매우 예뻤습니다.

① きれいだ = 예쁘다, 깨끗하다

「NAだ」→「NAでした」=「~했습니다」

きれいだ → きれいでした。= 예뻤습니다.

② 景色(けしき) = 경치, が = ~이/가 (행동, 상태의 주체를 나타내는 조사)

とても = '매우'라는 뜻의 부사

MP3 듣고 따라 말하며 세 번씩 써보기 mp3 063

①

②

③

응용해서 써본 후 MP3 듣고 따라 말하기 mp3 064

① 테스트는 매우 간단했습니다. [테스트 = テスト, 간단하다 = 簡単(かんたん)だ]

→

② 할머니는 매우 건강했습니다. [할머니 = 祖母(そぼ), 건강하다 = 元気(げんき)だ]

→

① テストは とても 簡単(かんたん)でした。

② 祖母(そぼ)は とても 元気(げんき)でした。

DAY 038 ___월 ___일

昨日(きのう)は 休(やす)みじゃ ありませんでした。

어제는 휴일이 아니었습니다.

① 休(やす)み = 휴일, 휴식 시간

「Nじゃ ありませんでした」 = 「~이/가 아니었습니다」

休(やす)みじゃ ありませんでした。 = 휴일이 아니었습니다.

② 昨日(きのう) = 어제

MP3 듣고 따라 말하며 세 번씩 써보기 — mp3 065

①

②

③

응용해서 써본 후 MP3 듣고 따라 말하기 — mp3 066

① 그는 범인이 아니었습니다.

→

② 어제는 비가 아니었습니다. (= 비가 오지 않았습니다)

→

① 彼(かれ)は 犯人(はんにん)じゃ ありませんでした。

② 昨日(きのう)は 雨(あめ)じゃ ありませんでした。

DAY 039 ___월 ___일

昨日(きのう)は 暇(ひま)じゃ ありませんでした。

어제는 한가하지 않았습니다.

① 暇(ひま)だ = 한가하다

「NAだ」→「NAじゃ ありませんでした」=「~지 않았습니다」

暇(ひま)だ → 暇(ひま)じゃ ありませんでした。= 한가하지 않았습니다.

② 'ありませんでした'는 'なかったです'로 바꾸어 쓸 수 있습니다.

MP3 듣고 따라 말하며 세 번씩 써보기 mp3 067

①

②

③

응용해서 써본 후 MP3 듣고 따라 말하기 mp3 068

① 테스트는 간단하지 않았습니다.

→

② 할머니는 건강하지 않았습니다.

→

① テストは 簡単(かんたん)じゃ ありませんでした。

② 祖母(そぼ)は 元気(げんき)じゃ ありませんでした。

DAY 040 ___월 ___일

日本旅行(にほんりょこう)は とても 楽(たの)しかったです。

일본 여행은 매우 즐거웠습니다.

① 楽(たの)しい = 즐겁다 (い형용사)

「Aい」→「Aかったです」=「~었습니다」

楽(たの)しい → 楽(たの)しかったです。= 즐거웠습니다.

② 旅行(りょこう) = 여행

MP3 듣고 따라 말하며 세 번씩 써보기	mp3 069
①	
②	
③	

응용해서 써본 후 MP3 듣고 따라 말하기	mp3 070
① 어제는 매우 바빴습니다. [바쁘다, 바쁜 = 忙(いそが)しい]	
→	
② 오늘은 공기가 나빴습니다. [공기 = 空気(くうき), 나쁘다, 나쁜 = 悪(わる)い]	
→	

① 昨日(きのう)は とても 忙(いそが)しかったです。

② 今日(きょう)は 空気(くうき)が 悪(わる)かったです。

昨日(きのう)は あまり 寒(さむ)く なかったです。

어제는 별로 춥지 않았습니다.

① 寒(さむ)い = 춥다

「Aい」→「Aく なかったです」=「~지 않았습니다」

寒(さむ)い → 寒(さむ)く なかったです。= 춥지 않았습니다.

② 'なかったです'는 'ありませんでした'로 바꾸어 쓸 수 있습니다.

MP3 듣고 따라 말하며 세 번씩 써보기 mp3 071

①

②

③

응용해서 써본 후 MP3 듣고 따라 말하기 mp3 072

① 어제는 별로 바쁘지 않았습니다.

→

② 옛날은 공기가 별로 나쁘지 않았습니다.

→

① 昨日(きのう)は あまり 忙(いそが)しく なかったです。

② 昔(むかし)は 空気(くうき)が あまり 悪(わる)く なかったです。

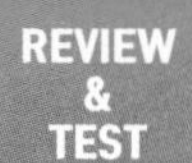

01. 다음 표를 보며 앞서 배운 문형을 복습해 보세요.

		な형용사	い형용사
기본형		NAだ	Aい
		きれいだ = 예쁘다	おいしい = 맛있다
현재	긍정	NAです	Aいです
		きれいです = 예쁩니다	おいしいです = 맛있습니다
	부정	NAじゃ ありません	Aく ないです
		きれいじゃ ありません = 예쁘지 않습니다	おいしく ないです = 맛있지 않습니다
과거	긍정	NAでした	Aかったです
		きれいでした = 예뻤습니다	おいしかったです = 맛있었습니다
	부정	NAじゃ ありませんでした	Aく なかったです
		きれいじゃ ありませんでした = 예쁘지 않았습니다	おいしく なかったです = 맛있지 않았습니다

※ ありません = ないです / ありませんでした = なかったです

02. 앞서 배운 문장을 일본어로 쓸 수 있는지 테스트를 통해 확인해 보세요. (정답 p090)

① 옛날, 이곳은 공원이었습니다.

→

② 그가 범인이었습니다.

→

③ 경치가 매우 예뻤습니다.

→

④ 할머니는 매우 건강했습니다.

→

⑤ 어제는 휴일이 아니었습니다.

→

⑥ 어제는 한가하지 않았습니다.

→

⑦ 테스트는 간단하지 않았습니다.

→

⑧ 일본 여행은 매우 즐거웠습니다.

→

⑨ 오늘은 공기가 나빴습니다.

→

⑩ 어제는 별로 춥지 않았습니다.

→

정답 확인

① 昔(むかし)、ここは 公園(こうえん)でした。

② 彼(かれ)が 犯人(はんにん)でした。

③ 景色(けしき)が とても きれいでした。

④ 祖母(そぼ)は とても 元気(げんき)でした。

⑤ 昨日(きのう)は 休(やす)みじゃ ありませんでした。

⑥ 昨日(きのう)は 暇(ひま)じゃ ありませんでした。

⑦ テストは 簡単(かんたん)じゃ ありませんでした。

⑧ 日本旅行(にほんりょこう)は とても 楽(たの)しかったです。

⑨ 今日(きょう)は 空気(くうき)が 悪(わる)かったです。

⑩ 昨日(きのう)は あまり 寒(さむ)く なかったです。

MEMO 틀린 문장이 있을 경우 아래에 몇 번씩 반복해서 써보세요.

CHAPTER 06

존재 여부와 존재 위치에 대해 말하기

DAY 042 ___월 ___일

コンビニに おでんが あります。

편의점에 오뎅이 있습니다.

① あります = 있습니다 (사물, 식물의 존재)

장소+に = ~에 (존재의 장소)

「N(장소)に N(사물/식물)が あります」=「~에 ~이/가 있습니다」

コンビニに おでんが あります。= 편의점에 오뎅이 있습니다.

② コンビニ = 편의점, おでん = 오뎅(어묵탕)

MP3 듣고 따라 말하며 세 번씩 써보기 mp3 073

①

②

③

응용해서 써본 후 MP3 듣고 따라 말하기 mp3 074

① 편의점에 ATM이 있습니다. [ATM = エーティーエム]

→

② 편의점에 복사기가 있습니다. [복사기 = コピー機(き)]

→

① コンビニに ATMが あります。

② コンビニに コピー機(き)が あります。

DAY 043 ___월 ___일

この 辺(へん)に コンビニは ありませんか。

이 근처에 편의점은 없습니까?

① ありません = 없습니다 (사물, 식물의 존재)

'ありません' 뒤에 'か'를 붙이면 '없습니까?'라는 의문 표현이 됩니다.

「N(장소)にN(사물/식물)は ありませんか」 = 「~에 ~은/는 없습니까」

この 辺(へん)に コンビニは ありませんか。 = 이 근처에 편의점은 없습니까?

② この 辺(へん) = 이 근처, コンビニ = 편의점

MP3 듣고 따라 말하며 세 번씩 써보기 mp3 075

①

②

③

응용해서 써본 후 MP3 듣고 따라 말하기 mp3 076

① 이 근처에 공원은 없습니까? [공원 = 公園(こうえん)]

→

② 이 근처에 카페는 없습니까? [카페 = カフェ]

→

① この 辺(へん)に 公園(こうえん)は ありませんか。

② この 辺(へん)に カフェは ありませんか。

DAY 044 ___월 ___일

コンビニは 駅(えき)の 中(なか)に あります。

편의점은 역(의) 안에 있습니다.

① 「N(식물/사물)は N(장소)に あります」 = 「~ 은/는 ~에 있습니다」

コンビニは 駅(えき)の 中(なか) に あります。 = 편의점은 역(의) 안에 있습니다.

② 위치를 나타내는 표현 (1)

中(なか)	外(そと)	横(よこ)	隣(となり)
안	밖	옆 (가로 방향)	옆 (이웃, 곁)

③ 駅(えき) = 역

MP3 듣고 따라 말하며 세 번씩 써보기 mp3 077

①

②

③

응용해서 써본 후 MP3 듣고 따라 말하기 mp3 078

① 공원은 역(의) 옆에 있습니다.

→

② 카페는 공원(의) 안에 있습니다.

→

① 公園(こうえん)は 駅(えき)の 横(よこ)(=隣(となり))に あります。

② カフェは 公園(こうえん)の 中(なか)に あります。

DAY 045 ___월 ___일

あそこに バス停(てい)が あります。

저기에 버스 정류장이 있습니다.

① 「N(장소)に N(식물/사물)が あります」 = 「~에 ~이/가 있습니다」

あそこに バス停(てい)が あります。 = 저기에 버스 정류장이 있습니다.

② 장소를 가리키는 표현

ここ	そこ	あそこ	どこ
여기	거기	저기	어디

③ バス停(てい) = 버스 정류장

MP3 듣고 따라 말하며 세 번씩 써보기 mp3 079

①

②

③

응용해서 써본 후 MP3 듣고 따라 말하기 mp3 080

① 여기에 돈이 있습니다. [돈 = お金(かね)]

→

② 거기에 화장실이 있습니다. [화장실 = トイレ]

→

① ここに お金(かね)が あります。

② そこに トイレが あります。

DAY 046 ___월 ___일

ワインは どこに ありますか。

와인은 어디에 있습니까?

① 'あります(있습니다)' 뒤에 'か'를 붙이면 '있습니까?'라는 의문 표현이 됩니다.

「N(식물/사물)は N(장소)に ありますか」 = 「~은/는 ~에 있습니까」

「N(식물/사물)は どこに ありますか」 = 「~은/는 어디에 있습니까」

ワインは どこに ありますか。 = 와인은 어디에 있습니까?

② ワイン = 와인

MP3 듣고 따라 말하며 세 번씩 써보기 mp3 081

①

②

③

응용해서 써본 후 MP3 듣고 따라 말하기 mp3 082

① 가방은 어디에 있습니까? [가방 = かばん]

→

② 열쇠는 어디에 있습니까? [열쇠 = かぎ]

→

① かばんは どこに ありますか。

② かぎは どこに ありますか。

DAY 047 ___월 ___일

ワインは テーブルの 上(うえ)に あります。

와인은 테이블(의) 위에 있습니다.

① 「N(식물/사물)は N(장소)に あります」 = 「~은/는 ~에 있습니다」

ワインは テーブルの 上(うえ)に あります。 = 와인은 테이블(의) 위에 있습니다.

② テーブル = 테이블

MP3 듣고 따라 말하며 세 번씩 써보기 mp3 083

①

②

③

응용해서 써본 후 MP3 듣고 따라 말하기 mp3 084

① 가방은 침대(의) 위에 있습니다. [침대 = ベッド]

→

② 열쇠는 가방(의) 안에 있습니다.

→

① かばんは ベッドの 上(うえ)に あります。

② かぎは かばんの 中(なか)に あります。

DAY 048 ___월 ___일

彼氏(かれし)が いますか。

남자친구가 있습니까?

① います = 있습니다 (사람, 동물의 존재)

'います' 뒤에 'か'를 붙이면 '있습니까?'라는 의문 표현이 됩니다.

「N(사람/동물)が いますか」 = 「~이/가 있습니까」

彼氏(かれし)が いますか。 = 남자친구가 있습니까(= 가지고 있습니까)?

② 이처럼 'あります', 'います'는 소유를 나타내는 표현으로도 사용됩니다.

MP3 듣고 따라 말하며 세 번씩 써보기 mp3 085

①

②

③

응용해서 써본 후 MP3 듣고 따라 말하기 mp3 086

① 여자친구가 있습니까? [여자친구 = 彼女(かのじょ)]

→

② 형제가 있습니까? [형제 = 兄弟(きょうだい)]

→

① 彼女(かのじょ)が いますか。

② 兄弟(きょうだい)が いますか。

彼氏(かれし)は いません。

남자친구는 없습니다.

① いません = 없습니다 (사람, 동물의 존재)

「N(사람/동물)は いません」=「~은/는 없습니다」

彼氏(かれし)は いません。= 남자친구는 없습니다.

'없습니다'라는 말은 결국 '가지고(소유하고) 있지 않다'라는 의미입니다.

② 彼氏(かれし) = 남자친구

MP3 듣고 따라 말하며 세 번씩 써보기 mp3 087

①

②

③

응용해서 써본 후 MP3 듣고 따라 말하기 mp3 088

① 여자친구는 없습니다.

→

② 형제는 없습니다.

→

① 彼女(かのじょ)は いません。

② 兄弟(きょうだい)は いません。

DAY 050 ___월 ___일

犬(いぬ)は どこに いますか。

개는 어디에 있습니까?

① 「N(사람/동물)は いますか」 = 「~은/는 있습니까」

「N(사람/동물)は N(장소)に いますか」 = 「~은/는 ~에 있습니까」

「N(사람/동물)は どこに いますか」 = 「~은/는 어디에 있습니까」

犬(いぬ)は どこに いますか。 = 개는 어디에 있습니까?

② 犬(いぬ) = 개

MP3 듣고 따라 말하며 세 번씩 써보기 mp3 089

①

②

③

응용해서 써본 후 MP3 듣고 따라 말하기 mp3 090

① 고양이는 어디에 있습니까? [고양이 = 猫(ねこ)]

→

② 야마다 씨는 어디에 있습니까? [야마다 씨 = 山田(やまだ)さん]

→

① 猫(ねこ)は どこに いますか。

② 山田(やまだ)さんは どこに いますか。

DAY 051 ___월 ___일

犬(いぬ)は 机(つくえ)の 下(した)に います。

개는 책상(의) 아래에 있습니다.

① 「N(사람/동물)は N(장소)に います」 = 「~은/는 ~에 있습니다」

犬(いぬ)は 机(つくえ)の 下(した)に います。 = 개는 책상(의) 아래에 있습니다.

② 위치를 나타내는 표현 (2)

上(うえ)	下(した)	前(まえ)	後(うし)ろ
위	아래	앞	뒤

③ 机(つくえ) = 책상

MP3 듣고 따라 말하며 세 번씩 써보기 mp3 091

①

②

③

응용해서 써본 후 MP3 듣고 따라 말하기 mp3 092

① 고양이는 소파(의) 위에 있습니다. [소파 = ソファー]

→

② 야마다 씨는 편의점(의) 앞에 있습니다.

→

① 猫(ねこ)は ソファーの 上(うえ)に います。

② 山田(やまだ)さんは コンビニの 前(まえ)に います。

01. 다음 표를 보며 앞서 배운 문형을 복습해 보세요.

☐ 존재, 소유를 나타내는 표현

	사물/식물	사람/동물
있습니다	あります	います
없습니다	ありません	いません
있습니까?	ありますか	いますか
없습니까?	ありませんか	いませんか

N(장소) に ~が あります / います	~에 ~이/가 있습니다
~は N(장소) に あります / います	~은/는 ~에 있습니다
~は どこに ありますか / いますか	~은/는 어디에 있습니까

☐ 위치를 나타내는 표현

中(なか)	外(そと)	横(よこ)	隣(となり)
안	밖	옆 (가로 방향)	옆 (이웃, 곁)

上(うえ)	下(した)	前(まえ)	後(うし)ろ
위	아래	앞	뒤

☐ 장소를 가리키는 표현

ここ	そこ	あそこ	どこ
여기	거기	저기	어디

02. 앞서 배운 문장을 일본어로 쓸 수 있는지 테스트를 통해 확인해 보세요. (정답 p104)

① 편의점에 오뎅이 있습니다.

→

② 이 근처에 편의점은 없습니까?

→

③ 편의점은 역 안에 있습니다.

→

④ 저기에 버스 정류장이 있습니다.

→

⑤ 와인은 어디에 있습니까?

→

⑥ 와인은 테이블 위에 있습니다.

→

⑦ 남자친구가 있습니까?

→

⑧ 남자친구는 없습니다.

→

⑨ 개는 어디에 있습니까?

→

⑩ 개는 책상 아래에 있습니다.

→

정답 확인

① コンビニに おでんが あります。

② この 辺(へん)に コンビニは ありませんか。

③ コンビニは 駅(えき)の 中(なか)に あります。

④ あそこに バス停(てい)が あります。

⑤ ワインは どこに ありますか。

⑥ ワインは テーブルの 上(うえ)に あります。

⑦ 彼氏(かれし)が いますか 。

⑧ 彼氏(かれし)は いません 。

⑨ 犬(いぬ)は どこに いますか。

⑩ 犬(いぬ)は 机(つくえ)の 下(した)に います 。

MEMO 틀린 문장이 있을 경우 아래에 몇 번씩 반복해서 써보세요.

CHAPTER 07

평소 행동에 대해 말하기

DAY 052 ___월 ___일

日本語(にほんご)の 勉強(べんきょう)を する。

일본어 공부를 하다.

① 일본어 동사의 기본형은 모두 'う단(u모음)'으로 끝나며, 활용 방식에 따라 1그룹, 2그룹, 3그룹으로 나뉩니다. 3그룹 동사는 'する(하다)', '来(く)る(오다)' 두 개뿐이며, 'する(하다)'에는 '運動(うんどう)する(운동하다)'와 같이 '동작성 명사+する' 형태도 포함됩니다.

② 勉強(べんきょう) = 공부

を = ~을/를 (동작, 감정의 대상을 나타내는 조사)

MP3 듣고 따라 말하며 세 번씩 써보기 mp3 093

①

②

③

응용해서 써본 후 MP3 듣고 따라 말하기 mp3 094

① 운동을 하다. [운동 = 運動(うんどう)]

→

② 학교에 오다. [학교 = 学校(がっこう), 에 = に(도착점을 나타내는 조사)]

→

① 運動(うんどう)を する。

② 学校(がっこう)に 来(く)る。

DAY 053 ___월 ___일

テレビを 見(み)る。

TV를 보다.

① 2그룹 동사는 기본형이 'る'로 끝나면서 'る' 바로 앞 한 글자가 'い단(i모음)' 혹은 'え단(e모음)'인 동사입니다. 예시는 아래와 같습니다.

見(み)(mi)る = 보다

食(た)べ(be)る = 먹다

② テレビ = TV

MP3 듣고 따라 말하며 세 번씩 써보기 mp3 095

①

②

③

응용해서 써본 후 MP3 듣고 따라 말하기 mp3 096

① 여자친구가 있다. [여자친구 = 彼女(かのじょ), 있다 = いる]

→

② 초밥을 먹다. [초밥 = おすし, 먹다 = 食(た)べる]

→

① 彼女(かのじょ)が いる。

② おすしを 食(た)べる。

DAY 054 ___월 ___일

友だちと 話(はな)す。

친구와 이야기하다.

① 1그룹 동사는 3그룹 동사와 2그룹 동사를 제외한 모든 동사입니다.

1) 기본형이 'る'로 끝나지 않는 동사 [話(はな)す = 이야기하다]

2) 기본형이 'る'로 끝나지만 'る' 바로 앞 한 글자가 'あ단(a모음)'이나 'う단(u모음)'이나 'お단(o모음)'인 동사

[あ(a)る = 있다, つく(ku)る = 만들다, の(no)る = 타다]

② と = ~와/과 (공동 행위의 대상을 나타내는 조사)

MP3 듣고 따라 말하며 세 번씩 써보기 mp3 097

①

②

③

응용해서 써본 후 MP3 듣고 따라 말하기 mp3 098

① 학교에 가다. [학교 = 学校(がっこう), 가다 = 行(い)く]

→

② 카레를 만들다. [카레 = カレー, 만들다 = 作(つく)る]

→

① 学校(がっこう)に 行(い)く。

② カレーを 作(つく)る。

家(いえ)に 帰(かえ)る。

집에 돌아가다.

① 형태는 2그룹 동사인데, 활용되는 방식은 1그룹 동사의 활용 방식을 따르는 동사를 '예외 1그룹 동사'라고 합니다. 예시는 아래와 같습니다.

はし(si)る = 달리다

かえ(e)る = 돌아가다(돌아오다)

② 家(いえ) = 집, に = ~에 (도착점을 나타내는 조사)

MP3 듣고 따라 말하며 세 번씩 써보기 mp3 099

①

②

③

응용해서 써본 후 MP3 듣고 따라 말하기 mp3 100

① 공원을 달리다. [공원 = 公園(こうえん), 달리다 = 走(はし)る]

→

② 방에 들어가다. [방 = 部屋(へや), 들어가다 = 入(はい)る]

→

① 公園(こうえん)を 走(はし)る。

② 部屋(へや)に 入(はい)る。

DAY 056 ___월 ___일

日本語(にほんご)の 勉強(べんきょう)を します。

일본어 공부를 합니다.

① 동사에 'ます'를 붙이면, '~합니다, ~할 것입니다'라는 뜻의 정중한 표현이 됩니다. 이때 동사는 어미를 활용하는데, 이것을 'ます형'이라고 합니다.

② 3그룹 동사는 별다른 활용의 규칙이 없기 때문에, 그냥 암기해야 합니다.

する (하다) → します (합니다)

くる (오다) → きます (옵니다)

MP3 듣고 따라 말하며 세 번씩 써보기 mp3 101

①

②

③

응용해서 써본 후 MP3 듣고 따라 말하기 mp3 102

① 운동을 합니다.

→

② 학교에 옵니다.

→

① 運動(うんどう)を します。

② 学校(がっこう)に 来(き)ます。

DAY 057 ___월 ___일

テレビを 見(み)ます。

TV를 봅니다.

① 2그룹 동사의 'ます형'은 동사의 기본형에서 어미 'る'를 없앤 형태입니다.

② 'る'를 없애고 'ます'를 붙이면 '~습니다'라는 정중한 표현이 됩니다.

見(み)る (보다) → 見(み)~~る~~+ます = 見(み)ます (봅니다)

食(た)べる (먹다) → 食(た)べ~~る~~+ます = 食(た)べます (먹습니다)

MP3 듣고 따라 말하며 세 번씩 써보기 mp3 103

①

②

③

응용해서 써본 후 MP3 듣고 따라 말하기 mp3 104

① 여자친구가 있습니다.

→

② 초밥을 먹습니다.

→

① 彼女(かのじょ)が います。

② おすしを 食(た)べます。

友(とも)だちと 話(はな)します。

친구와 이야기합니다.

① 1그룹 동사의 'ます형'은 동사 기본형의 어미 'う단(u모음)'을 'い단(i모음)'으로 바꾼 형태입니다.

② 'う단(u모음)'을 'い단(i모음)'으로 바꾸고 'ます'를 붙이면 '~습니다'라는 정중 표현이 됩니다. 예시는 아래와 같습니다.

話(はな)す(su) (이야기하다) → 話(はな)し(si) + ます = 話(はな)します (이야기합니다)

作(つく)る(ru) (만들다) → 作(つく)り(ri) + ます = 作(つく)ります (만듭니다)

MP3 듣고 따라 말하며 세 번씩 써보기 mp3 105

①

②

③

응용해서 써본 후 MP3 듣고 따라 말하기 mp3 106

① 학교에 갑니다.

→

② 카레를 만듭니다.

→

① 学校(がっこう)に 行(い)きます。

② カレーを 作(つく)ります。

DAY 059 ___월 ___일

二度(にど)と 遅刻(ちこく)しません。

다시는 지각하지 않을 것입니다.

① 동사의 'ます형'에 'ません'을 붙여서 말하면, '~하지 않습니다, ~하지 않을 것입니다'라는 정중한 부정 표현이 됩니다.

[3그룹 동사 ます형+ません]

する (하다) → し+ません → しません (하지 않습니다)

くる (오다) → き+ません → きません (오지 않습니다)

② 遅刻(ちこく)する = 지각하다, 二度(にど)と = '다시는, 두 번 다시'라는 뜻의 부사

MP3 듣고 따라 말하며 세 번씩 써보기 mp3 107

①

②

③

응용해서 써본 후 MP3 듣고 따라 말하기 mp3 108

① 운동하지 않을 겁니다.

→

② 오지 않을 겁니다.

→

① 運動(うんどう)しません。

② 来(き)ません。

納豆(なっとう)は 食(た)べません。

낫토는 먹지 않습니다.

① 「2그룹 동사 ます형 + ません」 = 「~하지 않습니다 / ~하지 않을 것입니다」

見(み)る (보다) → 見(み)+ません → 見(み)ません (보지 않습니다)

食(た)べる (먹다) → 食(た)べ+ません → 食(た)べません (먹지 않습니다)

② 納豆(なっとう) = 낫토

MP3 듣고 따라 말하며 세 번씩 써보기 mp3 109

①

②

③

응용해서 써본 후 MP3 듣고 따라 말하기 mp3 110

① 드라마는 보지 않습니다. [드라마 = ドラマ]

→

② 여자친구는 없습니다. [여자친구 = 彼女(かのじょ), 있다 = いる]

→

① ドラマは 見(み)ません。

② 彼女(かのじょ)は いません。

DAY 061 ___월 ___일

お酒(さけ)は ほとんど 飲(の)みません。

술은 거의 마시지 않습니다.

① 「1그룹 동사 ます형 + ません」= 「~ 하지 않습니다 / ~ 하지 않을 것입니다」

飲(の)む (마시다) → 飲(の)み + ません → 飲(の)みません (마시지 않습니다)

行(い)く (가다) → 行(い)き + ません → 行(い)きません (가지 않습니다)

ある (있다) → あり + ません → ありません (없습니다)

② お酒(さけ) = 술, ほとんど = '거의'라는 의미의 부사

MP3 듣고 따라 말하며 세 번씩 써보기 mp3 111

①

②

③

응용해서 써본 후 MP3 듣고 따라 말하기 mp3 112

① 토요일은 회사에 가지 않습니다. [토요일 = 土曜日(どようび), 회사 = 会社(かいしゃ), 가다 = 行(い)く]

→

② 돈이 없습니다. [돈 = お金(かね), 있다 = ある]

→

① 土曜日(どようび)は 会社(かいしゃ)に 行(い)きません。

② お金(かね)が ありません。

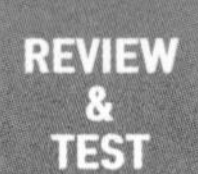

01. 앞서 배운 문형을 복습해 봅시다.

☐ 동사 그룹 구별하는 법

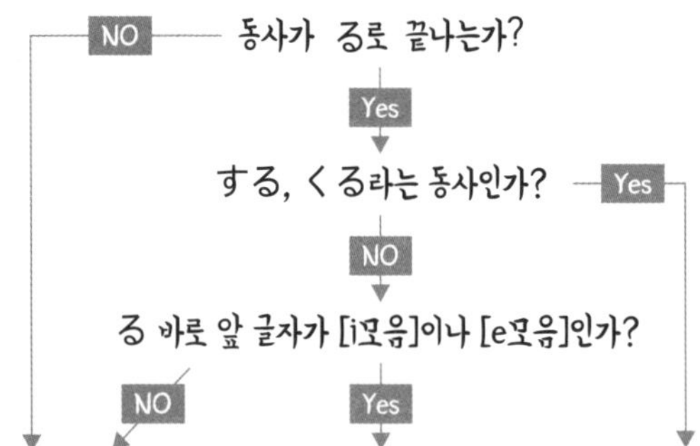

1그룹 동사	2그룹 동사	3그룹 동사
いく, のむ, あ[a]る, つく[ku]る	い[i]る, たべ[be]る	[아래의 2개뿐] する, くる

☐ 동사 그룹별 'ます형'

동사의 종류	동사의 기본형	동사의 ます형+ます/ません
1그룹	話(はな)す(su) (이야기하다)	話(はな)す(su) → 話(はな)し(si) + ます = 話(はな)します(이야기합니다)
2그룹	食(た)べる (먹다)	食(た)べる → 食(た)べ~~る~~ + ます = 食(た)べます(먹습니다)
3그룹	する (하다) くる (오다)	する → し + ます = します (합니다) くる → き + ます = きます (옵니다)

02. 앞서 배운 문장을 일본어로 쓸 수 있는지 테스트를 통해 확인해 보세요. (정답 p118)

① 일본어 공부를 하다.

→

② 일본어 공부를 합니다.

→

③ TV를 보다.

→

④ TV를 봅니다.

→

⑤ 친구와 이야기하다.

→

⑥ 친구와 이야기합니다.

→

⑦ 집에 돌아가다.

→

⑧ 집에 돌아갑니다.

→

⑨ 낫토는 먹지 않습니다.

→

⑩ 술은 거의 마시지 않습니다.

→

정답 확인

① 日本語(にほんご)の 勉強(べんきょう)を する。

② 日本語(にほんご)の 勉強(べんきょう)を します。

③ テレビを 見(み)る。

④ テレビを 見(み)ます。

⑤ 友(とも)だちと 話(はな)す。

⑥ 友(とも)だちと 話(はな)します。

⑦ 家(いえ)に 帰(かえ)る。

⑧ 家(いえ)に 帰(かえ)ります。

⑨ 納豆(なっとう)は 食(た)べません。

⑩ お酒(さけ)は ほとんど 飲(の)みません。

MEMO 틀린 문장이 있을 경우 아래에 몇 번씩 반복해서 써보세요.

CHAPTER 08

과거의 행동, 경험 말하기

DAY 062 ___월 ___일

図書館(としょかん)で 勉強(べんきょう)を しました。

도서관에서 공부를 했습니다.

① 동사 'ます형'에 'ました'를 붙여 말하면 '~했습니다'라는 정중한 과거 표현이 됩니다.

[3그룹 동사 ます형 + ました]

する (하다) → しました (했습니다)

くる (오다) → きました (왔습니다)

② 図書館(としょかん) = 도서관

で = ~에서 (동작·행위의 장소를 나타내는 조사)

MP3 듣고 따라 말하며 세 번씩 써보기 mp3 113

①

②

③

응용해서 써본 후 MP3 듣고 따라 말하기 mp3 114

① 아까 전화를 했습니다. [아까 = さっき, 전화 = 電話(でんわ)]

→

② 한국에서 왔습니다. [~에서, ~로부터 = から]

→

① さっき 電話(でんわ)を しました。

② 韓国(かんこく)から 来(き)ました。

今日(きょう)は 早(はや)く 起(お)きました。

오늘은 일찍 일어났습니다.

① 「2그룹 동사 ます형 + ました」 = 「~했습니다」

起(お)きる (일어나다) → 起(お)きました (일어났습니다)

寝(ね)る (자다) → 寝(ね)ました (잤습니다)

食(た)べる (먹다) → 食(た)べました (먹었습니다)

② 早(はや)く = '일찍, 빨리'라는 뜻의 부사

MP3 듣고 따라 말하며 세 번씩 써보기 mp3 115

①

②

③

응용해서 써본 후 MP3 듣고 따라 말하기 mp3 116

① 어제는 일찍 잤습니다. [어제 = 昨日(きのう), 자다 = 寝(ね)る]

→

② 아침밥을 많이 먹었습니다. [아침밥 = 朝(あさ)ごはん、많이 = たくさん]

→

① 昨日(きのう)は 早(はや)く 寝(ね)ました。

② 朝(あさ)ごはんを たくさん 食(た)べました。

新(あたら)しい パソコンを 買(か)いました。

새 컴퓨터를 샀습니다.

① 「1그룹 동사 ます형 + ました」 = 「~했습니다」

買(か)う (사다) → 買(か)いました (샀습니다)

飲(の)む (마시다) → 飲(の)みました (마셨습니다)

帰(かえ)る (돌아가다) → 帰(かえ)りました (돌아갔습니다)

② 新(あたら)しい = '새롭다, 새로운'이라는 뜻의 い형용사

MP3 듣고 따라 말하며 세 번씩 써보기

mp3 117

①

②

③

응용해서 써본 후 MP3 듣고 따라 말하기

mp3 118

① 맛있는 커피를 마셨습니다. [맛있다, 맛있는 = おいしい, 커피 = コーヒー]

→

② 김 씨는 집에 돌아갔습니다. [집 = 家(いえ), 돌아가다 = 帰(かえ)る]

→

① おいしい コーヒーを 飲(の)みました。

② キムさんは 家(いえ)に 帰(かえ)りました。

DAY 065 ___월 ___일

だれも 来(き)ませんでした。

아무도 오지 않았습니다.

① 동사 'ます형'에 'ませんでした'를 붙여서 말하면, '~하지 않았습니다'라는 정중한 과거 부정 표현이 됩니다.

[3그룹 동사 ます형+ませんでした]

する(하다) → しませんでした(하지 않았습니다)

くる(오다) → きませんでした(오지 않았습니다)

② 'だれも' 뒤에 부정 표현이 오면 '아무도'라는 뜻이 됩니다.

MP3 듣고 따라 말하며 세 번씩 써보기 mp3 119

①

②

③

응용해서 써본 후 MP3 듣고 따라 말하기 mp3 120

① 아무도 질문하지 않았습니다. [질문하다 = 質問(しつもん)する]

→

② 아무도 출석하지 않았습니다. [출석하다 = 出席(しゅっせき)する]

→

① だれも 質問(しつもん)しませんでした。

② だれも 出席(しゅっせき)しませんでした。

DAY 066 ___월 ___일

何(なに)も 食(た)べませんでした。

아무것도 먹지 않았습니다.

① 「2그룹 동사 ます형 + ませんでした」 = 「~ 하지 않았습니다」

いる(있다) → いませんでした(있지 않았습니다(없었습니다))

食(た)べる(먹다) → 食(た)べませんでした(먹지 않았습니다)

考(かんが)える(생각하다) → 考(かんが)えませんでした(생각하지 않았습니다)

② '何(なに)も' 뒤에 부정 표현이 오면, '아무것도'라는 뜻이 됩니다.

MP3 듣고 따라 말하며 세 번씩 써보기 mp3 121

①

②

③

응용해서 써본 후 MP3 듣고 따라 말하기 mp3 122

① 아무것도 생각하지 않았습니다. [생각하다 = 考(かんが)える]

→

② 아무도 없었습니다. [아무도 = だれも, 있다 = いる]

→

① 何(なに)も 考(かんが)えませんでした。

② だれも いませんでした。

DAY 067 ___월 ___일

デパートでは 何(なに)も 買(か)いませんでした。

백화점에서는 아무것도 사지 않았습니다.

①「1그룹 동사 ます형+ませんでした」=「~하지 않았습니다」

買(か)う (사다) → 買(か)いませんでした (사지 않았습니다)

聞(き)く (듣다) → 聞(き)きませんでした (듣지 않았습니다)

降(ふ)る (비, 눈 등이 오다) → 降(ふ)りませんでした (오지 않았습니다)

② デパート = 백화점

MP3 듣고 따라 말하며 세 번씩 써보기 mp3 123

①

②

③

응용해서 써본 후 MP3 듣고 따라 말하기 mp3 124

① 아무것도 듣지 않았습니다. [듣다 = 聞(き)く]

→

② 비가 오지 않았습니다. [비 = 雨(あめ), 오다 = 降(ふ)る]

→

① 何(なに)も 聞(き)きませんでした。

② 雨(あめ)が 降(ふ)りませんでした。

DAY 068 ___월 ___일

いつ 韓国(かんこく)へ 来(き)ましたか。

언제 한국에 왔습니까?

① 「~ます / ~ません / ~ました / ~ませんでした」의 뒤에 'か'를 붙이면 의문 표현이 됩니다.

来(き)ました (왔습니다) → 来(き)ましたか (왔습니까?)

行(い)きました (갔습니다) → 行(い)きましたか (갔습니까?)

② いつ = 언제

へ = ~에, ~으로 (방향, 목적지를 나타내는 조사, 조사로 쓰일 때는 [e]라고 발음)

MP3 듣고 따라 말하며 세 번씩 써보기 mp3 125

①

②

③

응용해서 써본 후 MP3 듣고 따라 말하기 mp3 126

① 몇 시에 일어났습니까? [몇 시 = 何時(なんじ), 일어나다 = 起(お)きる]

→

② 오늘 회사에 갔습니까?

→

① 何時(なんじ)に 起(お)きましたか。

② 今日(きょう) 会社(かいしゃ)に 行(い)きましたか。

01. 앞서 배운 문형을 복습해 봅시다.

		1그룹 동사	2그룹 동사	3그룹 동사
기본형		話す(はなす)(su) = 이야기하다	食べる(たべる) = 먹다	する / くる = 하다 / 오다
ます형		話し(si)	食べ~~る~~	し / き
비과거	긍정	話します = 이야기합니다	食べます = 먹습니다	します = 합니다 きます = 옵니다
	부정	話しません = 이야기하지 않습니다	食べません = 먹지 않습니다	しません = 하지 않습니다 きません = 오지 않습니다
과거	긍정	話しました = 이야기했습니다	食べました = 먹었습니다	しました = 했습니다 きました = 왔습니다
	부정	話しませんでした = 이야기하지 않았습니다	食べませんでした = 먹지 않았습니다	しませんでした = 하지 않았습니다 きませんでした = 오지 않았습니다

02. 앞서 배운 문장을 일본어로 쓸 수 있는지 테스트를 통해 확인해 보세요. (정답 p129)

① 도서관에서 공부를 했습니다.

→

② 아까 전화를 했습니다.

→

③ 오늘은 일찍 일어났습니다.

→

④ 아침밥을 많이 먹었습니다.

→

⑤ 새 컴퓨터를 샀습니다.

→

⑥ 맛있는 커피를 마셨습니다.

→

⑦ 아무도 오지 않았습니다.

→

⑧ 아무것도 먹지 않았습니다.

→

⑨ 백화점에서는 아무것도 사지 않았습니다.

→

⑩ 언제 한국에 왔습니까?

→

정답 확인

① 図書館(としょかん)で 勉強(べんきょう)を しました。

② さっき 電話(でんわ)を しました。

③ 今日(きょう)は 早(はや)く 起(お)きました。

④ 朝(あさ)ごはんを たくさん 食(た)べました。

⑤ 新(あたら)しい パソコンを 買(か)いました。

⑥ おいしい コーヒーを 飲(の)みました。

⑦ だれも 来(き)ませんでした。

⑧ 何(なに)も 食(た)べませんでした。

⑨ デパートでは 何(なに)も 買(か)いませんでした。

⑩ いつ 韓国(かんこく)へ 来(き)ましたか。

MEMO 틀린 문장이 있을 경우 아래에 몇 번씩 반복해서 써보세요.

CHAPTER 09

상태의 변화 말하기

DAY 069 ___월 ___일

私(わたし)は 歌手(かしゅ)に なります。

저는 가수가 될 거예요.

① 명사 뒤에 'に なる'를 붙여서 말하면, '~ 이/가 되다'라는 상태 변화 표현이 됩니다.

「Nに なる」 = 「~ 이/가 되다」

「Nに なります」 = 「~ 이/가 될 거예요」

私(わたし)は 歌手(かしゅ)に なります。 = 저는 가수가 될 거예요.

② 歌手(かしゅ) = 가수, なる = '되다'라는 뜻의 동사

MP3 듣고 따라 말하며 세 번씩 써보기 mp3 127

①

②

③

응용해서 써본 후 MP3 듣고 따라 말하기 mp3 128

① 저는 선생님이 될 거예요. [선생님 = 先生(せんせい)]

→

② 저는 축구 선수가 될 거예요. [축구 선수 = サッカー選手(せんしゅ)]

→

① 私(わたし)は 先生(せんせい)に なります。

② 私(わたし)は サッカー選手(せんしゅ)に なります。

DAY 070 ___월 ___일

もう 10月(じゅうがつ)に なりました。

벌써 10월이 되었습니다.

① 「Nに なりました」 = 「~이/가 되었습니다」

10 月(じゅうがつ)に なりました。 = 10월이 되었습니다.

1月 いちがつ	2月 にがつ	3月 さんがつ	4月 しがつ	5月 ごがつ	6月 ろくがつ
7月 しちがつ	8月 はちがつ	9月 くがつ	10月 じゅうがつ	11月 じゅういちがつ	12月 じゅうにがつ

② もう = '벌써, 이제'라는 뜻의 부사

MP3 듣고 따라 말하며 세 번씩 써보기 mp3 129

①

②

③

응용해서 써본 후 MP3 듣고 따라 말하기 mp3 130

① 벌써 12월이 되었습니다.

→

② 이제 어른이 되었습니다. [어른 = 大人(おとな)]

→

① もう 12月(じゅうにがつ)に なりました。

② もう 大人(おとな)に なりました。

DAY 071 ___월 ___일

日本語(にほんご)が 上手(じょうず)に なりました。

일본어가 능숙해졌습니다.

① NA(어간)+だ = な형용사 (上手(じょうず)だ = 능숙하다, 잘한다)

「NAだ」→「NAに」=「~하게」('NAに'은 な형용사의 '동사 수식형')

「NAだ」→「NAに なる」=「~해지다」(사람이나 사물의 상태 변화)

「NAに なる」→「NAに なりました」=「~해졌습니다」

上手(じょうず)だ → 上手(じょうず)に なる(능숙해지다) → 上手(じょうず)に なりました(능숙해졌습니다)

② 下手(へた)だ = 서투르다, 잘 못하다 ('上手(じょうず)だ'의 반대말)

MP3 듣고 따라 말하며 세 번씩 써보기 mp3 131

①

②

③

응용해서 써본 후 MP3 듣고 따라 말하기 mp3 132

① 공원이 깨끗해졌습니다. [공원 = 公園(こうえん), 깨끗하다 = きれいだ]

→

② 아버지가 건강해졌습니다. [아버지 = 父(ちち), 건강하다 = 元気(げんき)だ]

→

① 公園(こうえん)が きれいに なりました。

② 父(ちち)が 元気(げんき)に なりました。

DAY 072 ___월 ___일

パソコンの 値段(ねだん)が 安(やす)く なりました。

컴퓨터 가격이 싸졌습니다.

① A(어간)+い = い형용사 (安(やす)い = 싸다)

「Aい」→「Aく」=「~하게」('Aく'는 い형용사의 '동사 수식형')

「Aい」→「Aく なる」=「~해지다」(사람이나 사물의 상태 변화)

「Aく なる」→「Aく なりました」=「~해졌습니다」

安(やす)い → 安(やす)く なる(싸지다) → 安(やす)く なりました(싸졌습니다)

② パソコン = 컴퓨터(Personal computer의 줄임말). 値段(ねだん) = 가격

MP3 듣고 따라 말하며 세 번씩 써보기 mp3 133

①

②

③

응용해서 써본 후 MP3 듣고 따라 말하기 mp3 134

① 밖이 어두워졌습니다. [밖 = 外(そと), 어둡다 = 暗(くら)い]

→

② 갑자기 졸려졌습니다. [갑자기 = 急(きゅう)に、졸리다 = 眠(ねむ)い]

→

① 外(そと)が 暗(くら)く なりました。

② 急(きゅう)に 眠(ねむ)く なりました。

DAY 073 ___월 ___일

部屋(へや)を きれいに しました。

방을 깨끗하게(깨끗이) 했습니다.

① きれいだ = 깨끗하다

「NAだ」→「NAに する」=「~하게 하다」

「NAに する」→「NAに します/しました」=「~하게 합니다/했습니다」

きれいだ → きれいに する → きれいに しました(깨끗하게 했습니다)

② 'NAに する'는 사람이 의도적으로 사물 등의 상태를 바꿀 때 사용하는 표현입니다.

MP3 듣고 따라 말하며 세 번씩 써보기 mp3 135

①

②

③

응용해서 써본 후 MP3 듣고 따라 말하기 mp3 136

① 테스트를 간단하게 했습니다. [테스트 = テスト, 간단하다 = 簡単(かんたん)だ]

→

② 이 앱은 생활을 편리하게 합니다. [앱 = アプリ, 생활 = 生活(せいかつ), 편리하다 = 便利(べんり)だ]

→

① テストを 簡単(かんたん)に しました。

② この アプリは 生活(せいかつ)を 便利(べんり)に します。

DAY 074 ___월 ___일

部屋(へや)を 明(あか)るく しました。

방을 밝게 했습니다.

① 明(あか)るい = 밝다

「Aい」→「Aく する」=「~하게 하다」

「Aく する」→「Aく しました」=「~하게 했습니다」

明(あか)るい → 明(あか)るく する → 明(あか)るく しました(밝게 했습니다)

② 'Aく する'는 사람이 의도적으로 사물 등의 상태를 바꿀 때 사용하는 표현입니다.

MP3 듣고 따라 말하며 세 번씩 써보기 mp3 137

①

②

③

응용해서 써본 후 MP3 듣고 따라 말하기 mp3 138

① 머리카락을 짧게 했습니다. [머리 = 髪(かみ), 짧다 = 短(みじか)い]

→

② 소스를 맵게 했습니다. [소스 = ソース, 맵다 = 辛(から)い]

→

① 髪(かみ)を 短(みじか)く しました。

② ソースを 辛(から)く しました。

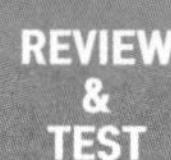

01. 앞서 배운 문형을 복습해 봅시다.

NAに＋なる	NAに＋する
Nが NAに なる = ~이/가 ~해지다	Nを NAに する = ~을/를 ~하게 하다
生活(せいかつ)が 便利(べんり)に なる = 생활이 편리해지다	生活(せいかつ)を 便利(べんり)に する = 생활을 편리하게 하다
Nが NAに なりました = ~이/가 ~해졌습니다	Nを NAに しました = ~을/를 ~하게 했습니다
生活(せいかつ)が 便利(べんり)に なりました。 = 생활이 편리해졌습니다.	生活(せいかつ)を 便利(べんり)に しました。 = 생활을 편리하게 했습니다.
Aく＋なる	**Aく＋する**
Nが Aく なる = ~이/가 ~해지다	Nを Aく する = ~을/를 ~하게 하다
部屋(へや)が 明(あか)るく なる = 방이 밝아지다	部屋(へや)を 明(あか)るく する = 방을 밝게 하다
Nが Aく なりました = ~이/가 ~해졌습니다	Nを Aく しました = ~을/를 ~하게 했습니다
部屋(へや)が 明(あか)るく なりました。 = 방이 밝아졌습니다.	部屋(へや)を 明(あか)るく しました。 = 방을 밝게 했습니다.

02. 앞서 배운 문장을 일본어로 쓸 수 있는지 테스트를 통해 확인해 보세요. (정답 p140)

① 저는 가수가 될 거예요.

→

② 벌써 10월이 되었습니다.

→

③ 이제 어른이 되었습니다.

→

④ 일본어가 능숙해졌습니다.

→

⑤ 아버지가 건강해졌습니다.

→

⑥ 컴퓨터 가격이 싸졌습니다.

→

⑦ 밖이 어두워졌습니다.

→

⑧ 방을 깨끗이 했습니다.

→

⑨ 방을 밝게 했습니다.

→

⑩ 머리카락을 짧게 했습니다.

→

정답 확인

① 私(わたし)は 歌手(かしゅ)に なります。

② もう 10月(じゅうがつ)に なりました。

③ もう 大人(おとな)に なりました。

④ 日本語(にほんご)が 上手(じょうず)に なりました。

⑤ 父(ちち)が 元気(げんき)に なりました。

⑥ パソコンの 値段(ねだん)が 安(やす)く なりました。

⑦ 外(そと)が 暗(くら)くなりました。

⑧ 部屋(へや)を きれいに しました。

⑨ 部屋(へや)を 明(あか)るく しました。

⑩ 髪(かみ)を 短(みじか)く しました。

MEMO 틀린 문장이 있을 경우 아래에 몇 번씩 반복해서 써보세요.

CHAPTER 10

동시 동작, 행동의 목적 말하기

DAY 075 ___월 ___일

ユーチューブを 見(み)ながら ご飯(はん)を 食(た)べます。

유튜브를 보면서 밥을 먹습니다.

① 동사의 'ます형'에 'ながら'를 붙여서 말하면, '~ 하면서'라는 동시 동작 표현이 됩니다.

「V(ます형)+ながら」=「~하면서」(단기간에 걸쳐 하는 동시 동작)

見(み)る = 보다

見(み)る → 見(み)ます → 見(み)ながら(보면서)

② ユーチューブ = 유튜브, ご飯(はん) = 밥

MP3 듣고 따라 말하며 세 번씩 써보기 mp3 139

①

②

③

응용해서 써본 후 MP3 듣고 따라 말하기 mp3 140

① 기타를 치면서 노래 부릅니다. [기타 = ギター, 치다 = ひく, 노래 부르다 = 歌(うた)う]

→

② 음악을 들으면서 공부합니다. [음악 = 音楽(おんがく), 듣다 = 聞(き)く, 공부하다 = 勉強(べんきょう)する]

→

① ギターを ひきながら 歌(うた)います。

② 音楽(おんがく)を 聞(き)きながら 勉強(べんきょう)します。

DAY 076 ___월 ___일

バイトを しながら 勉強(べんきょう)します。

아르바이트를 하면서 공부합니다.

① 「V(ます형)+ながら」=「~하면서」

위 표현은 단기간이 아닌 '장기간'에 걸쳐 하는 동시 동작을 말할 때에도 씁니다.

する = 하다

する → します → しながら(하면서)

② バイト = 아르바이트(アルバイト'의 줄임말)

MP3 듣고 따라 말하며 세 번씩 써보기

mp3 141

①

②

③

응용해서 써본 후 MP3 듣고 따라 말하기

mp3 142

① 편의점에서 일하면서 공부합니다. [편의점 = コンビニ, 일하다 = 働(はたら)く]

→

② 일을 하면서 학교에 다닙니다. [일 = 仕事(しごと), 다니다 = 通(かよ)う]

→

① コンビニで 働(はたら)きながら 勉強(べんきょう)します。

② 仕事(しごと)を しながら 学校(がっこう)に 通(かよ)います。

買(か)い物(もの)に 行(い)きます。

쇼핑하러 갑니다.

① 동작성 명사 뒤에 'に 行(い)く(가다)/来(く)る(오다)/帰(かえ)る(돌아오다)'가 오면 '~하러 가다/오다/돌아오다'라는 이동의 목적 표현이 됩니다.

「N(동작성 명사) + に 行(い)く」 = 「~하러 가다」

② 買(か)い物(もの) = 쇼핑 → 買(か)い物(もの)に 行(い)く = 쇼핑하러 가다

買(か)い物(もの)に 行(い)きます。 = 쇼핑하러 갑니다.

MP3 듣고 따라 말하며 세 번씩 써보기 — mp3 143

①

②

③

응용해서 써본 후 MP3 듣고 따라 말하기 — mp3 144

① 여행하러 갑니다. [여행 = 旅行(りょこう)]

→

② 식사하러 갑니다. [식사 = 食事(しょくじ)]

→

① 旅行(りょこう)に 行(い)きます。

② 食事(しょくじ)に 行(い)きます。

DAY 078 ___월 ___일

友(とも)だちを 迎(むか)えに 行(い)きます。

친구를 마중하러 갑니다.

① 동사의 ます형 뒤에 'に 行(い)く(가다)/来(く)る(오다)/帰(かえ)る(돌아오다)'가 오면 '~하러 가다/오다/돌아오다'라는 이동의 목적 표현이 됩니다.

「V(ます형)+に 行(い)く」=「~하러 가다」

② 迎(むか)える = 마중하다(2그룹 동사) → 迎(むか)えに 行(い)く = 마중하러 가다

迎(むか)えに 行(い)きます。= 마중하러 갑니다.

MP3 듣고 따라 말하며 세 번씩 써보기 mp3 145

①

②

③

응용해서 써본 후 MP3 듣고 따라 말하기 mp3 146

① 친구 집에 놀러 갑니다. [집 = 家(いえ), 놀다 = 遊(あそ)ぶ]

→

② 도시락을 사러 갑니다. [도시락 = お弁当(べんとう), 사다 = 買(か)う]

→

① 友(とも)だちの 家(いえ)に 遊(あそ)びに 行(い)きます。

② お弁当(べんとう)を 買(か)いに 行(い)きます。

DAY 079 ___월 ___일

デパートに 買(か)い物(もの)に 来(き)ました。

백화점에 쇼핑하러 왔습니다.

① 「N(동작성 명사) + に 来(く)る」 = 「~하러 오다」

買(か)い物(もの) = 쇼핑

買(か)い物(もの)に 来(く)る = 쇼핑하러 오다

買(か)い物(もの)に 来(き)ました。= 쇼핑하러 왔습니다.

② デパート = 백화점

MP3 듣고 따라 말하며 세 번씩 써보기 mp3 147

①

②

③

응용해서 써본 후 MP3 듣고 따라 말하기 mp3 148

① 하와이에 여행하러 왔습니다. [하와이 = ハワイ]

→

② 초밥집에 식사하러 왔습니다. [초밥집 = すし屋(や)]

→

① ハワイに 旅行(りょこう)に 来(き)ました。

② すし屋(や)に 食事(しょくじ)に 来(き)ました。

DAY 080 ___월 ___일

空港(くうこう)に 友(とも)だちを 迎(むか)えに 来(き)ました。

공항에 친구를 마중하러 왔습니다.

① 「V(ます형)+に 来(く)る」=「~하러 오다」

迎(むか)える = 마중하다

迎(むか)えに 来(く)る = 마중하러 오다

迎(むか)えに 来(き)ました。= 마중하러 왔습니다.

② 空港(くうこう) = 공항

MP3 듣고 따라 말하며 세 번씩 써보기 mp3 149

①

②

③

응용해서 써본 후 MP3 듣고 따라 말하기 mp3 150

① 친구 집에 놀러 왔습니다.

→

② 편의점에 도시락을 사러 왔습니다. [편의점 = コンビニ]

→

① 友(とも)だちの 家(いえ)に 遊(あそ)びに 来(き)ました。

② コンビニに お弁当(べんとう)を 買(か)いに 来(き)ました。

車(くるま)を 買(か)う ために 貯金(ちょきん)します。

차를 사기 위해 저금합니다.

① 동사의 기본형 뒤에 'ために'가 오면 '~하기 위해'라는 행위의 목적 표현이 됩니다.

「V(기본형)+ために」=「~하기 위해」

買(か)う = 사다

買(か)う ために = 사기 위해

② 車(くるま) = 차, 貯金(ちょきん) = 저금

MP3 듣고 따라 말하며 세 번씩 써보기 mp3 151

①

②

③

응용해서 써본 후 MP3 듣고 따라 말하기 mp3 152

① 선생님이 되기 위해 열심히 공부합니다. [열심히 = 一生懸命(いっしょうけんめい)に]

→

② 살을 빼기 위해 운동합니다. [살 빼다 = 痩(や)せる, 운동하다 = 運動(うんどう)する]

→

① 先生(せんせい)に なる ために 一生懸命(いっしょうけんめい)に 勉強(べんきょう)します。

② 痩(や)せる ために 運動(うんどう)します。

DAY 082 ___월 ___일

家族(かぞく)の ために 一生懸命(いっしょうけんめい)に 働(はたら)きます。

가족을 위해 **열심히 일합니다.**

① 사람을 나타내는 명사 뒤에 'の ために'가 오면 '그 사람을 위한다는 것, 이익이 된다는 것'을 의미하며, 한국어로는 '~을/를 위해'라고 합니다.

「Nの ために」=「~을/를 위해」

家族(かぞく)の ために = 가족을 위해

② 一生懸命(いっしょうけんめい)に = 열심히(一生懸命だ '열심히 하다'의 부사형)

MP3 듣고 따라 말하며 세 번씩 써보기 　mp3 153

①

②

③

응용해서 써본 후 MP3 듣고 따라 말하기 　mp3 154

① 아이를 위해 저금합니다. [아이 = 子(こ)ども]

→

② 남자친구를 위해 초콜릿을 만듭니다. [남자친구 = 彼氏(かれし), 초콜릿 = チョコレート, 만들다 = 作(つく)る]

→

① 子(こ)どもの ために 貯金(ちょきん)します。

② 彼氏(かれし)の ために チョコレートを 作(つく)ります。

01. 앞서 배운 문형을 복습해 봅시다.

문형		예문
V(ます형) + ながら = ~하면서		音楽(おんがく)を 聞(き)きながら 勉強(べんきょう)する。 = 음악을 들으며 공부하다. 仕事(しごと)を しながら 学校(がっこう)に 通(かよ)う。 = 일을 하면서 학교에 다니다.
N (동작성 명사)	にいく / 来(く)る = ~하러 가다/오다	買(か)い物(もの)に 行(い)く。= 쇼핑하러 가다. 食事(しょくじ)に 行(い)く。= 식사하러 가다.
V(ます형)		買(か)いに 行(い)く。= 사러 가다. 遊(あそ)びに 行(い)く。= 놀러 가다.
Nの	ために = ~위해	家族(かぞく)の ために = 가족을 위해
V(기본형)		買(か)う ために = 사기 위해

02. 앞서 배운 문장을 일본어로 쓸 수 있는지 테스트를 통해 확인해 보세요. (정답 p152)

① 유튜브를 보면서 밥을 먹습니다.

→

② 아르바이트를 하면서 공부합니다.

→

③ 쇼핑하러 갑니다.

→

④ 친구를 마중하러 갑니다.

→

⑤ 백화점에 쇼핑하러 왔습니다.

→

⑥ 공항에 친구를 마중하러 왔습니다.

→

⑦ 차를 사기 위해 저금합니다.

→

⑧ 살을 빼기 위해 운동합니다.

→

⑨ 가족을 위해 열심히 일합니다.

→

⑩ 남자친구를 위해 초콜릿을 만듭니다.

→

정답 확인

① ユーチューブを 見(み)ながら ご飯(はん)を 食(た)べます。

② バイトを しながら 勉強(べんきょう)します。

③ 買(か)い物(もの)に 行(い)きます。

④ 友(とも)だちを 迎(むか)えに 行(い)きます。

⑤ デパートに 買(か)い物(もの)に 来(き)ました。

⑥ 空港(くうこう)に 友(とも)だちを 迎(むか)えに 来(き)ました。

⑦ 車(くるま)を 買(か)う ために 貯金(ちょきん)します。

⑧ 痩(や)せる ために 運動(うんどう)します。

⑨ 家族(かぞく)の ために 一生懸命(いっしょうけんめい)に 働(はたら)きます。

⑩ 彼氏(かれし)の ために チョコレートを 作(つく)ります。

MEMO 틀린 문장이 있을 경우 아래에 몇 번씩 반복해서 써보세요.

CHAPTER 11

자신의 희망, 상대에게 바라는 것 말하기

DAY 083 ___월 ___일

すみません、メニューを ください。

여기요, 메뉴(를) 주세요.

① 「Nを ください」 = 「~을/를 주세요」

メニューを ください。 = 메뉴를 주세요.

이 표현에서 'を'는 생략할 수 있습니다.

メニュー、ください。 = 메뉴 주세요.

② 상점에서 점원을 부를 때는 'すみません(=여기요)'이라고 말합니다.

MP3 듣고 따라 말하며 세 번씩 써보기 mp3 155

①

②

③

응용해서 써본 후 MP3 듣고 따라 말하기 mp3 156

① 여기요, 물(을) 주세요. [물 = お水(みず)]

→

② 여기요, 물수건(을) 주세요. [물수건 = おしぼり]

→

① すみません、お水(みず)(を) ください。

② すみません、おしぼり(を) ください。

DAY 084 ___월 ___일

牛丼(ぎゅうどん)を 三(みっ)つ お願(ねが)いします。

소고기덮밥(을) 세 개 부탁합니다.

① 주문을 하거나 상점에서 상품을 요구할 때 'ください' 대신 'お願(ねが)いします'를 사용할 수 있습니다. 「N(を) お願(ねが)いします」 = 「~(을/를) 부탁합니다」

牛丼(ぎゅうどん)(を) お願(ねが)いします。 = 소고기덮밥(을) 부탁합니다.

② 일본어로 한 개에서 다섯 개까지는 다음과 같이 말합니다.

한 개	두 개	세 개	네 개	다섯 개
一(ひと)つ	二(ふた)つ	三(みっ)つ	四(よっ)つ	五(いつ)つ

MP3 듣고 따라 말하며 세 번씩 써보기 mp3 157

①

②

③

응용해서 써본 후 MP3 듣고 따라 말하기 mp3 158

① 햄버거스테이크(를) 두 개 부탁합니다. [햄버거스테이크 = ハンバーグ]

→

② 아이스커피(를) 한 개와 콜라(를) 네 개 부탁합니다. [아이스커피 = アイスコーヒー, 콜라 = コーラ]

→

① ハンバーグ(を) 二(ふた)つ お願(ねが)いします。

② アイスコーヒー(を) 一(ひと)つと コーラ(を) 四(よっ)つ お願(ねが)いします。

DAY 085 ___월 ___일

お会計(かいけい)を お願(ねが)いします。

계산(을) 부탁합니다.

① '계산해 주세요', '주문 받아주세요'와 같이 행위를 부탁하는 경우, 'お願(ねが)いします'를 사용하여 다음과 같이 표현합니다.

「N(を) お願(ねが)いします」 = 「~(을/를) 부탁합니다」

お会計(かいけい)(を) お願(ねが)いします。 = 계산(을) 부탁합니다.

② お会計(かいけい) = 계산(음식점 등에서 값을 치름)

MP3 듣고 따라 말하며 세 번씩 써보기 mp3 159

①

②

③

응용해서 써본 후 MP3 듣고 따라 말하기 mp3 160

① 주문(을) 부탁합니다. (= 주문할게요.) [주문 = 注文(ちゅうもん)]

→

② 협력(을) 부탁합니다. [협력 = 協力(きょうりょく)]

→

① 注文(ちゅうもん)(を) お願(ねが)いします。

② 協力(きょうりょく)(を) お願(ねが)いします。

DAY 086 ___월 ___일

新(あたら)しい スマホが ほしいです。

새로운 스마트폰을 갖고 싶습니다.

① ほしい = 갖고 싶다, 탐나다 (い형용사)

「Nが ほしい」=「~을/를 갖고 싶다」

スマホが ほしい = 스마트폰을 갖고 싶다

スマホが ほしいです。= 스마트폰을 갖고 싶습니다.

② 'Nが ほしい'는 '~을/를 갖고 싶다'로 번역됩니다. 하지만 'ほしい'의 대상물, 즉 갖고 싶은 대상엔 반드시 조사 'が'를 사용하니 'を(을/를)'을 쓰지 않도록 주의하세요.

MP3 듣고 따라 말하며 세 번씩 써보기 mp3 161

①

②

③

응용해서 써본 후 MP3 듣고 따라 말하기 mp3 162

① 개를 갖고 싶습니다. [개 = 犬(いぬ)]

→

② 남자친구를 갖고 싶습니다. [남자친구 = 彼氏(かれし)]

→

① 犬(いぬ)が ほしいです。

② 彼氏(かれし)が ほしいです。

DAY 087 ___월 ___일

新しい スマホは ほしく ないです。

(あたら)

새로운 스마트폰은 갖고 싶지 않습니다.

① 「Nは ほしく ないです」 = 「~은/는 갖고 싶지 않습니다」

スマホは ほしく ないです。 = 스마트폰은 갖고 싶지 않습니다.

② 'ほしい'는 'い형용사'이기 때문에 다음과 같이 활용합니다.

현재	긍정	ほしいです = 갖고 싶습니다
	부정	ほしく ないです = 갖고 싶지 않습니다
과거	긍정	ほしかったです = 갖고 싶었습니다
	부정	ほしく なかったです = 갖고 싶지 않았습니다

MP3 듣고 따라 말하며 세 번씩 써보기 mp3 163

①

②

③

응용해서 써본 후 MP3 듣고 따라 말하기 mp3 164

① 새로운 스마트폰을 갖고 싶었습니다.

→

② 새로운 스마트폰은 갖고 싶지 않았습니다.

→

① 新しい スマホが ほしかったです。(あたら)

② 新しい スマホは ほしく なかったです。(あたら)

DAY 088 ___월 ___일

少し休みたいです。(すこし やすみたいです)

조금 쉬고 싶습니다.

① 休む(やすむ) = 쉬다

동사의 'ます형'에 'たい'를 붙여서 말하면, '~하고 싶다'라는 희망 표현이 됩니다.

「V(ます형)+たい」=「~하고 싶다」

休みたい(やすみたい) = 쉬고 싶다

休みたいです。(やすみたいです) = 쉬고 싶습니다.

② 少し(すこし) = 조금

MP3 듣고 따라 말하며 세 번씩 써보기 mp3 165

①

②

③

응용해서 써본 후 MP3 듣고 따라 말하기 mp3 166

① 푹 자고 싶습니다. [푹, 충분히 = ゆっくり, 자다 = 寝る(ねる)]

→

② 집에 돌아가고 싶습니다. [집 = 家(いえ), 돌아가다 = 帰る(かえる)]

→

① ゆっくり寝(ね)たいです。

② 家(いえ)に帰(かえ)りたいです。

DAY 089 ___월 ___일

猫(ねこ)が 飼(か)いたいです。

고양이를 키우고 싶습니다.

① 飼(か)う = 키우다

「N が V(ます형)たい」 = 「~을/를 ~하고 싶다」

猫(ねこ)が 飼(か)いたい = 고양이를 키우고 싶다

猫(ねこ)が 飼(か)いたいです。 = 고양이를 키우고 싶습니다.

② 희망의 대상을 나타내는 조사는 원칙적으로 'が'이지만, 최근에는 그대로 'を'를 사용하는 경우도 많습니다. (猫(ねこ)を 飼(か)いたいです。)

MP3 듣고 따라 말하며 세 번씩 써보기 mp3 167

①

②

③

응용해서 써본 후 MP3 듣고 따라 말하기 mp3 168

① 파스타를 먹고 싶습니다. [파스타 = パスタ, 먹다 = 食(た)べる]

→

② 카페라떼를 마시고 싶습니다. [카페라떼 = カフェラテ, 마시다 = 飲(の)む]

→

① パスタが(=パスタを) 食(た)べたいです。

② カフェラテが(=カフェラテを) 飲(の)みたいです。

DAY 090 ___월 ___일

北海道(ほっかいどう)に 旅行(りょこう)に 行(い)きたいです。

호카이도에 여행하러 가고 싶습니다.

① 「N(동작성 명사)/V(ます형)+に 行(い)きたいです」=「~하러 가고 싶습니다」

旅行(りょこう) = 여행

旅行(りょこう)に 行(い)きたいです。= 여행하러 가고 싶습니다.

② 北海道(ほっかいどう) = '홋카이도'라는 일본의 최북단의 섬

MP3 듣고 따라 말하며 세 번씩 써보기 mp3 169

①

②

③

응용해서 써본 후 MP3 듣고 따라 말하기 mp3 170

① 백화점에 쇼핑하러 가고 싶습니다. [백화점 = デパート, 쇼핑 = 買(か)い物(もの)]

→

② 도쿄디즈니시에 놀러가고 싶습니다. [도쿄디즈니시 = 東京(とうきょう)ディズニーシー, 놀다 = 遊(あそ)ぶ]

→

① デパートに 買(か)い物(もの)に 行(い)きたいです。

② 東京(とうきょう)ディズニーシーに 遊(あそ)びに 行(い)きたいです。

DAY 091 ___월 ___일

のどが渇きましたから、何か飲みたいです。

목이 마르니까, 무언가 마시고 싶습니다.

① 목이 마르다 = のどが渇く

목이 마릅니다. = のどが渇きました。(이미 목 마른 상태)

「문장 + から、V(동사의 ます형) + たいです」= 「~하니까, ~하고 싶습니다」

のどが渇きましたから、なにか飲みたいです。

= 목이 마르니까, 무언가 마시고 싶습니다.

② から = ~이니, ~므로 (원인, 이유를 나타내는 조사)

MP3 듣고 따라 말하며 세 번씩 써보기 mp3 171

①

②

③

응용해서 써본 후 MP3 듣고 따라 말하기 mp3 172

① 배가 고프니까 무언가 먹고 싶습니다. [배가 고프다 = お腹がすく]

→

② 피곤하니까 조금 쉬고 싶습니다. [피곤하다 = 疲れる]

→

① お腹がすきましたから、何か食べたいです。

② 疲れましたから、少し休みたいです。

DAY 092 ___월 ___일

もう カレーは 食(た)べたく ないです。

이제 카레는 먹고 싶지 않습니다.

① 「Nは V(동사의 ます형)たく ないです」 = 「~은/는 ~고 싶지 않습니다」

カレーは 食(た)べたく ないです。 = 카레는 먹고 싶지 않습니다.

② 'たい'는 조동사이지만, 'い형용사'와 똑같이 활용합니다.

현재	긍정	食べたいです = 먹고 싶습니다
	부정	食べたく ないです = 먹고 싶지 않습니다
과거	긍정	食べたかったです = 먹고 싶었습니다
	부정	食べたく なかったです = 먹고 싶지 않았습니다

MP3 듣고 따라 말하며 세 번씩 써보기 mp3 173

①

②

③

응용해서 써본 후 MP3 듣고 따라 말하기 mp3 174

① 카레를 먹고 싶었습니다.

→

② 카레를 먹고 싶지 않았습니다.

→

① カレーが(=カレーを) 食(た)べたかったです。

② カレーは 食(た)べたく なかったです。

REVIEW & TEST

01. 앞서 배운 문형을 복습해 봅시다.

문형	예문
Nを ください。 = ~을/를 주세요.	お水(みず)(を) ください。 = 물(을) 주세요.
Nを お願(ねが)いします。 = ~을/를 부탁합니다.	お水(みず)(を) お願(ねが)いします。 = 물(을) 부탁합니다.
Nが ほしいです。 = ~가 갖고 싶습니다.	犬(いぬ)が ほしいです。 = 개를 갖고 싶습니다.
V(ます형)たいです。 = ~하고 싶습니다.	寝(ね)たいです。 = 자고 싶습니다.
Nが V(ます형)たいです。 = ~을/를 ~하고 싶습니다.	パスタが 食(た)べたいです。 = 파스타를 먹고 싶습니다.
N(동작성 명사)/V(ます형) +に 行きたいです。 = ~하러 가고 싶습니다.	買(か)い物(もの)に 行きたいです。 = 쇼핑하러 가고 싶습니다.
문장+から, V(ます형)+たいです。 = ~하니까, ~하고 싶습니다.	疲(つか)れましたから, 休(やす)みたいです。 = 피곤하니까, 쉬고 싶습니다.

02. 앞서 배운 문장을 일본어로 쓸 수 있는지 테스트를 통해 확인해 보세요. (정답 p166)

① 여기요, 메뉴(를) 주세요.

→

② 소고기덮밥(을) 세 개 부탁합니다.

→

③ 계산(을) 부탁합니다.

→

④ 새로운 스마트폰을 갖고 싶습니다.

→

⑤ 새로운 스마트폰은 갖고 싶지 않습니다.

→

⑥ 조금 쉬고 싶습니다.

→

⑦ 고양이를 키우고 싶습니다.

→

⑧ 홋카이도에 여행하러 가고 싶습니다.

→

⑨ 목이 마르니까, 무언가 마시고 싶습니다.

→

⑩ 이제 카레는 먹고 싶지 않습니다.

→

정답 확인

① すみません、メニュー(を) ください。

② 牛丼(を) 三つ お願いします。

③ お会計(を) お願いします。

④ 新しい スマホが ほしいです。

⑤ 新しい スマホは ほしくないです。

⑥ 少し 休みたいです。

⑦ 猫が 飼いたいです。

⑧ 北海道に 旅行に 行きたいです。

⑨ のどが 渇きましたから、何か 飲みたいです。

⑩ もう カレーは 食べたく ないです。

MEMO 틀린 문장이 있을 경우 아래에 몇 번씩 반복해서 써보세요.

CHAPTER 12

비교, 선택하는 표현 말하기

DAY 093 ___월 ___일

食べ物の 中で 何が 一番 好きですか。

음식 중에서 무엇이 제일 좋습니까?

① 好きだ = 좋아하다 (NA(어간)+だ = な형용사)

「Nの中で 何が 一番 NAですか」=「~중에서 무엇이 제일 ~습니까?」

食べ物の中で 何が 一番 好きですか。

= 음식 중에서 무엇이 제일 좋습니까?

② 食べ物 = 음식, 一番 = '제일, 가장'을 뜻하는 부사

MP3 듣고 따라 말하며 세 번씩 써보기 mp3 175

①

②

③

응용해서 써본 후 MP3 듣고 따라 말하기 mp3 176

① 스포츠 중에서 무엇이 제일 좋습니까? [스포츠 = スポーツ]

→

② 일본의 애니메이션 중에서 무엇이 제일 좋습니까? [일본 = 日本, 애니메이션 = アニメ]

→

① スポーツの 中で 何が 一番 好きですか。

② 日本のアニメの 中で 何が 一番 好きですか。

DAY 094 ___월 ___일

さしみが一番(いちばん)好(す)きです。

회가 제일 좋습니다.

①「Nが一番(いちばん) NAです」=「~가 제일 ~습니다」

Nが一番(いちばん)好(す)きです。= ~가 제일 좋습니다.

さしみが一番(いちばん)好(す)きです。= 회가 제일 좋습니다.

② さしみ = 회

MP3 듣고 따라 말하며 세 번씩 써보기 mp3 177

①

②

③

응용해서 써본 후 MP3 듣고 따라 말하기 mp3 178

① 농구가 제일 좋습니다. [농구 = バスケ]

→

② 이웃집 토토로가 제일 좋습니다. [이웃집 토토로 = となりのトトロ]

→

① バスケが一番(いちばん)好(す)きです。

② となりのトトロが一番(いちばん)好(す)きです。

にほん　た　もの　なか　なに　いちばん
日本の 食べ物の 中で 何が 一番 おいしいですか。

일본 음식 중에서 무엇이 제일 맛있습니까?

① おいしい = 맛있다/맛있는 (A(어간)+い = い형용사)

「Nの 中で 何が 一番 Aいですか」=「~중에서 무엇이 제일 ~습니까?」

日本の食べ物の 中で 何が 一番 おいしいですか。

= 일본 음식 중에서 무엇이 제일 맛있습니까?

② 日本 = 일본

MP3 듣고 따라 말하며 세 번씩 써보기 mp3 179

①

②

③

응용해서 써본 후 MP3 듣고 따라 말하기 mp3 180

① 스포츠 중에서 무엇이 제일 재미있습니까? [재미있다, 재미있는 = おもしろい]

→

② 한국의 음식 중에 무엇이 제일 맵습니까? [한국 = 韓国(かんこく), 맵다 = 辛い(からい)]

→

① スポーツの 中(なか)で 何(なに)が 一番(いちばん) おもしろいですか。

② 韓国(かんこく)の 食(た)べ物(もの)の 中(なか)で 何(なに)が 一番(いちばん) 辛(から)いですか。

私(わたし)は お好(この)み焼(や)きが 一番(いちばん) おいしいです。

저는 오코노미야키가 제일 맛있습니다.

①「Nが 一番(いちばん) Aいです」=「~가 제일 ~습니다」

Nが 一番(いちばん) おいしいです。= ~가 제일 맛있습니다.

お好(この)み焼(や)きが 一番(いちばん) おいしいです。=오코노미야키가 제일 맛있습니다.

② お好(この)み焼(や)き = 오코노미야키

MP3 듣고 따라 말하며 세 번씩 써보기 mp3 181

①

②

③

응용해서 써본 후 MP3 듣고 따라 말하기 mp3 182

① 저는 축구가 제일 재미있습니다. [축구 = サッカー]

→

② 저는 김치가 제일 맵습니다. [김치 = キムチ]

→

① 私(わたし)は サッカーが 一番(いちばん) おもしろいです。

② 私(わたし)は キムチが 一番(いちばん) 辛(から)いです。

DAY 097 ___월 ___일

友(とも)だちと お金(かね)と、どちらが 大切(たいせつ)ですか。

친구와 돈 중에, 어느 쪽이 중요합니까?

① どちら = 어느 쪽, 大切(たいせつ)だ = 중요하다, 소중하다

「Nと Nと、どちらが NAですか」=「~와/과 ~중에, 어느 쪽이 ~합니까?」

友(とも)だちと お金(かね)と、どちらが 大切(たいせつ)ですか。

= 친구와 돈 중에, 어느 쪽이 중요합니까?

② 友(とも)だち = 친구, お金(かね) = 돈

MP3 듣고 따라 말하며 세 번씩 써보기

mp3 183

①

②

③

응용해서 써본 후 MP3 듣고 따라 말하기

mp3 184

① 여름과 겨울 중에 어느 쪽이 좋습니까? [여름 = 夏(なつ), 겨울 = 冬(ふゆ)]

→

② 이시다 씨와 다나카 씨 중에 어느 쪽이 연상입니까? [연상 = 年上(としうえ)]

→

① 夏(なつ)と 冬(ふゆ)と、どちらが 好(す)きですか。

③ 石田(いしだ)さんと 田中(たなか)さんと、どちらが 年上(としうえ)ですか。

DAY 098 ___월 ___일

お金(かね)より 友(とも)だちの 方(ほう)が 大切(たいせつ)です。

돈보다 친구 쪽이 중요합니다.

① より ＝ ~보다(비교 대상), ほう ＝ 쪽, 방향

「Nより Nの 方(ほう)が NAです」＝「~보다 ~쪽이 ~합니다」

お金(かね)より 友(とも)だちの 方(ほう)が 大切(たいせつ)です。

＝ 돈보다 친구 쪽이 중요합니다.

② 두 가지 사항을 비교하여 한쪽이 더 ~하다는 것을 말할 때 사용하는 표현입니다.

MP3 듣고 따라 말하며 세 번씩 써보기

mp3 185

①

②

③

응용해서 써본 후 MP3 듣고 따라 말하기

mp3 186

① 겨울 쪽이 좋습니다.

→

② 다나카 씨 쪽이 연상입니다.

→

① 冬(ふゆ)の 方(ほう)が 好(す)きです。

② 田中(たなか)さんの 方(ほう)が 年上(としうえ)です。

DAY 099 ___월 ___일

チーターと トラと どちらが 速(はや)いですか。

치타와 호랑이 중 어느 쪽이 빠릅니까?

① 速(はや)い = 빠르다, どちら = 어느 쪽

「NとNと、どちらがAいですか」=「~과 ~중에 어느 쪽이 ~합니까?」

チーターと トラと、どちらが 速(はや)いですか。

= 치타와 호랑이 중에 어느 쪽이 빠릅니까?

② チーター = 치타, トラ = 호랑이

MP3 듣고 따라 말하며 세 번씩 써보기 mp3 187

①

②

③

응용해서 써본 후 MP3 듣고 따라 말하기 mp3 188

① 타코야끼와 초밥 중 어느 쪽이 비쌉니까? [타코야끼 = たこ焼(や)き, 비싸다 = 高(たか)い]

→

② 고추장과 고추냉이 중 어느 쪽이 맵습니까? [고추장 = コチュジャン, 고추냉이 = わさび]

→

① たこ焼(や)きと おすしと どちらが 高(たか)いですか。

② コチュジャンと わさびと どちらが 辛(から)いですか。

DAY 100 ___월 ___일

トラより チーターの 方(ほう)が 速(はや)いです。

호랑이보다 치타 쪽이 빠릅니다.

① 「Nより Nの 方(ほう)が Aいです」=「~보다 ~쪽이 ~합니다」

トラより チーターの 方(ほう)が 速いです。

= 호랑이보다 치타 쪽이 빠릅니다.

② 비교를 묻는 질문에 대답할 때는 'Nより(~보다)'는 보통 생략해서 말합니다.

MP3 듣고 따라 말하며 세 번씩 써보기 mp3 189

①

②

③

응용해서 써본 후 MP3 듣고 따라 말하기 mp3 190

① 초밥 쪽이 비쌉니다.

→

② 저는 고추냉이 쪽이 맵습니다.

→

① おすしの 方(ほう)が 高(たか)いです。

② 私(わたし)は わさびの ほうが 辛(から)いです。

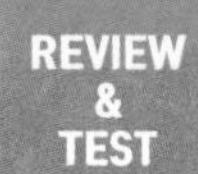

REVIEW & TEST

01. 앞서 배운 문형을 복습해 봅시다.

문형	예문
Nの 中で 何(なに)が 一番(いちばん) ~ですか = ~중에 무엇이 제일 ~합니까?	スポーツの 中で 何(なに)が 一番(いちばん) 好(す)きですか。 = 스포츠 중에 무엇이 제일 좋습니까?
	スポーツの 中で 何(なに)が 一番(いちばん) おもしろいですか。 = 스포츠 중에 무엇이 제일 재미있습니까?
Nが 一番(いちばん) ~です = ~이/가 가장 ~합니다.	バスケが 一番(いちばん) 好(す)きです。 = 농구가 제일 좋습니다.
	サッカーが 一番(いちばん) おもしろいです。 = 축구가 제일 재미있습니다.
Nと Nと どちらが ~ですか = ~과 ~중에 어느 쪽이 ~합니까?	夏(なつ)と 冬(ふゆ)と どちらが 好(す)きですか。 = 여름과 겨울 중에 어느 쪽이 좋습니까?
	たこ焼と おすしと どちらが 高(たか)いですか。 = 타코야끼와 초밥 중에 어느 쪽이 비쌉니까?
Nより Nの ほうが ~です = ~보다 ~쪽이 ~합니다.	夏(なつ)より 冬(ふゆ)の 方(ほう)が 好(す)きです。 = 여름보다 겨울 쪽이 좋습니다.
	たこ焼きより おすしの 方(ほう)が 高(たか)いです。 = 타코야끼보다 초밥 쪽이 비쌉니다.

02. 앞서 배운 문장을 일본어로 쓸 수 있는지 테스트를 통해 확인해 보세요. (정답 p178)

① 음식 중에서 무엇이 제일 좋습니까?

→

② 회가 제일 좋습니다.

→

③ 일본 음식 중에서 무엇이 제일 맛있습니까?

→

④ 저는 오코노미야키가 제일 맛있습니다.

→

⑤ 스포츠 중에서 무엇이 제일 재미있습니까?

→

⑥ 저는 축구가 제일 재미있습니다.

→

⑦ 친구와 돈 중에, 어느 쪽이 중요합니까?

→

⑧ 돈보다 친구 쪽이 중요합니다.

→

⑨ 치타와 호랑이 중 어느 쪽이 빠릅니까?

→

⑩ 호랑이보다 치타 쪽이 빠릅니다.

→

정답 확인

① 食べ物(たもの)の 中(なか)で 何(なに)が 一番(いちばん) 好(す)きですか。

② さしみが 一番(いちばん) 好(す)きです。

③ 日本(にほん)の 食べ物(たもの)の 中(なか)で 何(なに)が 一番(いちばん) おいしいですか。

④ 私(わたし)は お好(この)み焼(や)きが 一番(いちばん) おいしいです。

⑤ スポーツの 中(なか)で 何(なに)が 一番(いちばん) おもしろいですか。

⑥ 私(わたし)は サッカーが 一番(いちばん) おもしろいです。

⑦ 友(とも)だちと お金(かね)と、どちらが 大切(たいせつ)ですか。

⑧ お金(かね)より 友(とも)だちの 方(ほう)が 大切(たいせつ)です。

⑨ チーターと トラと どちらが 速(はや)いですか。

⑩ トラより チーターの 方(ほう)が 速(はや)いです。

MEMO 틀린 문장이 있을 경우 아래에 몇 번씩 반복해서 써보세요.

REVIEW & CHECK

앞서 배운 일본어 기초문장 100개 및
문장을 익히면서 등장했던 주요 어휘들을
한눈에 훑어 보며 정리해 보도록 합시다.

① 기초문장 100 총정리

② 주요 어휘 총정리

1. 기초문장 100 총정리

001 おはようございます。 (아침에 하는 인사) 안녕하세요.

002 こんにちは。 (낮에 하는 인사) 안녕하세요?

003 こんばんは。 (밤에 하는 인사) 안녕하세요?

004 ありがとうございます。 감사합니다.

005 すみません。 죄송합니다.

006 さようなら。 안녕히 가세요.

007 お先(さき)に 失礼(しつれい)します。 먼저 실례하겠습니다.

008 いただきます。 잘 먹겠습니다.

009 ごちそうさまでした。 잘 먹었습니다.

010 お休(やす)みなさい。 안녕히 주무세요.

011 「Nです」=「~입니다」

イ·ジフです。 이지후입니다.

がくせいです。 학생입니다.

かいしゃいんです。 회사원입니다.

012 「Nは Nです」=「~은/는 ~입니다」

わたしは かんこくじんです。 저는 한국인입니다.

ワンさんは ちゅうごくじんです。 왕 씨는 중국인입니다.

やまださんは にほんじんです。 야마다 씨는 일본인입니다.

013 「Nは Nですか」=「~은/는 ~입니까?」

イさんは がくせいですか。 이 씨는 학생입니까?

やまださんは かいしゃいんですか。 야마다 씨는 회사원입니까?

キムさんは せんせいですか。 김 씨는 선생님입니까?

014 「Nの Nです」=「~의 ~입니다」(소속, 국적)

にほんごがっこうの がくせいです。
일본어 학교의 학생입니다.

かんこくの (본인의 이름) です。
한국의 ~(본인의 이름)입니다.

にほんごがっこうの せんせいです。
일본어 학교의 선생님입니다.

015 「Nの Nです」=「~의 ~입니다」(관계)

いしださんの ともだちです。
이시다 씨의 친구입니다.

わたしの かれしです。
나의 남자친구입니다.

いしださんの せんせいですか。
이시다 씨의 선생님입니까?

016 「Nで、Nです」=「~이고/이며 ~입니다」

かんこくじんで、だいがくせいです。
한국인이고 대학생입니다.

かんこくじんで、かいしゃいんです。
한국인이고 회사원입니다.

にほんじんで、せんせいです。
일본인이고 선생님입니다.

017 「Nじゃ ありません」=「~이/가 아닙니다」

かいしゃいんじゃ ありません。
회사원이 아닙니다.

わたしは にほんじんじゃ ありません。
저는 일본인이 아닙니다.

だいがくせいじゃ ありません。
대학생이 아닙니다.

018 1(いち) / 2(に) / 3(さん) / 4(よん) / 5(ご) / 6(ろく) / 7(なな) / 8(はち) / 9(きゅう) / 10(じゅう)

パスワードは いちにさんよんです。
비밀번호는 1234입니다.

パスワードは ごろくななはちです。
비밀번호는 5678입니다.

パスワードは いちさんろくきゅうです。
비밀번호는 1369입니다.

019 「Nは 何番(なんばん)ですか」=「~은/는 몇 번입니까?」

電話番号(でんわばんごう)は何番(なんばん)ですか。
전화번호는 몇 번입니까?

携帯(けいたい)の 電話番号(でんわばんごう)は 何番(なんばん)ですか。
휴대폰의 전화번호는 몇 번입니까?

お宅(たく)の 電話番号(でんわばんごう)は 何番(なんばん)ですか。
댁의 전화번호는 몇 번입니까?

020 [전화번호] OOO-XXX-△△△ = OOOの XXXの △△△

携帯(けいたい)の電話番号(でんわばんごう)は ゼロいちゼロの にさんよんごの ろくななはちきゅうです。	휴대폰(의) 전화번호는 공일공 이삼사오 육칠팔구입니다.
auの電話番号(でんわばんごう)は ゼロいちにゼロの きゅうなななの ゼロさんさんです。	au(의) 전화번호는 0120-977-033입니다.
救急車(きゅうきゅうしゃ) の 電話番号(でんわばんごう)は いちいちきゅうです。	구급차(의) 전화번호는 119입니다.

021 「Nは 何時(なんじ)ですか」=「~은/는 몇 시입니까?」

今(いま)は何時(なんじ)ですか。	지금은 몇 시입니까?
終電(しゅうでん)は 何時(なんじ)ですか。	막차는 몇 시입니까?
チェックアウトは 何時(なんじ)ですか。	체크아웃은 몇 시입니까?

022 「…時(じ)です」=「…시입니다」

1時(いちじ) / 2時(にじ) / 3時(さんじ) / 4時(よじ) / 5時(ごじ) / 6時(ろくじ) / 7時(しちじ) / 8時(はちじ) / 9時(くじ) / 10時(じゅうじ) / 11時(じゅういちじ) / 12時(じゅうにじ)

10時(じゅうじ)です。	10시입니다.
終電(しゅうでん)は 12時(じゅうにじ)です。	막차는 12시입니다.
チェックアウトは 9時(くじ)です。	체크아웃은 9시입니다.

023 「… 分(ふん/ぷん) です」=「…분입니다」

10分(じゅっぷん) / 20分(にじゅっぷん) / 30分(さんじゅっぷん) / 40分(よんじゅっぷん) / 50分(ごじゅっぷん) / 何分(なんぷん) = 몇 분

4時30分(よじさんじゅっぷん)です。	4시 30분입니다.
2時20分(にじにじゅっぷん)です。	2시 20분입니다.
9時半(くじはん)です。	9시 반입니다.

024 「Nは 何時(なんじ)から 何時(なんじ)までですか」=「～은/는 몇 시부터 몇 시까지입니까?」

郵便局(ゆうびんきょく)は 何時(なんじ)から何時(なんじ)までですか。	우체국은 몇 시부터 몇 시까지입니까?
デパートは 何時(なんじ)から 何時(なんじ)までですか。	백화점은 몇 시부터 몇 시까지입니까?
銀行(ぎんこう)は何時(なんじ)から 何時(なんじ)までですか。	은행은 몇 시부터 몇 시까지입니까?

025 「～から …までです」=「~부터 …까지입니다」

9時(くじ)から 6時(ろくじ)までです。	9시부터 6시까지입니다.
10時(じゅうじ)から 12時(じゅうにじ)までです。	10시부터 12시까지입니다.
4時(よじ)から 7時(しちじ)までです。	4시부터 7시까지입니다.

026 「Nは 何曜日(なんようび)ですか」=「～은/는 무슨 요일입니까?」

日本語(にほんご)の授業(じゅぎょう)は 何曜日(なんようび)ですか。	일본어 수업은 무슨 요일입니까?
出張(しゅっちょう)は 何曜日(なんようび)ですか。	출장은 무슨 요일입니까?
休(やす)みは 何曜日(なんようび)ですか。	휴일은 무슨 요일입니까?

027 月曜日(げつようび)(월요일) / 火曜日(かようび)(화요일) / 水曜日(すいようび)(수요일) / 木曜日(もくようび)(목요일) / 金曜日(きんようび)(금요일) / 土曜日(どようび)(토요일) / 日曜日(にちようび)(일요일)

日本語(にほんご)の 授業(じゅぎょう)は 月曜日(げつようび)と 木曜日(もくようび)です。	일본어 수업은 월요일과 목요일입니다.
出張(しゅっちょう)は 水曜日(すいようび)です。	출장은 수요일입니다.
休(やす)みは 土曜日(どようび)と 日曜日(にちようび)です。	휴일은 토요일과 일요일입니다.

028 NA(어간)+だ = な형용사 /「NAだ」=「～하다」→「NAです」=「～합니다」

(예시) 便利(べんり)だ(편리하다) → 便利(べんり)です(편리합니다)

スマホは 便利(べんり)です。	스마트폰은 편리합니다.
石田(いしだ)さんは 親切(しんせつ)です。	이시다 씨는 친절합니다.
あの 人(ひと)は 有名(ゆうめい)です。	저 사람은 유명합니다.

029 「NAだ」→「NAな N」=「~한 N」/「NAな人(ひと)」=「~한 사람」

キムさんは まじめな 人(ひと)です。
김 씨는 성실한 사람입니다.

石田(いしだ)さんは 親切(しんせつ)な 人(ひと)です。
이시다 씨는 친절한 사람입니다.

あの 人(ひと)は 有名(ゆうめい)な 歌手(かしゅ)です。
저 사람은 유명한 가수입니다.

030 「NAだ」→「NAじゃ ありません」=「~하지 않습니다」

あの レストランは あまり 親切(しんせつ)じゃ ありません。
저 레스토랑은 별로 친절하지 않습니다.

石田(いしだ)さんは あまり 親切(しんせつ)じゃ ありません。
이시다 씨는 별로 친절하지 않습니다.

あの 人(ひと)は あまり 有名(ゆうめい)じゃ ありません。
저 사람은 별로 유명하지 않습니다.

031 「NAだ」→「NAで」=「~하고」

東京(とうきょう) スカイツリーは有名(ゆうめい)で にぎやかです。
도쿄 스카이트리는 유명하고 번화합니다.

石田(いしだ)さんは 親切(しんせつ)で きれいです。
이시다 씨는 친절하고 예쁩니다.

あの人(ひと)は 有名(ゆうめい)で まじめです。
저 사람은 유명하고 성실합니다.

032 A(어간)+い = い형용사 /「Aい」→「Aいです」=「~습니다」

(예시) 暑(あつ)い(덥다) → 暑(あつ)いです(덥습니다)

今日(きょう)は 暑(あつ)いです。
오늘은 덥습니다.

田中(たなか)さんは おもしろいです。
다나카 씨는 재미있습니다.

この ラーメンは おいしいです。
이 라면은 맛있습니다.

033 「Aい」→「Aい N」=「~한 N」/「Aい人(ひと)」=「~한 사람」

田中(たなか)さんは かっこいい人(ひと)です。
다나카 씨는 멋있는 사람입니다.

田中(たなか)さんは おもしろい人(ひと)です。
다나카 씨는 재미있는 사람입니다.

おいしい ラーメンです。
맛있는 라면입니다.

034 「Aい」→「Aく ありません」=「~지 않습니다」

この キムチは 辛(から)く ないです。 — 이 김치는 맵지 않습니다.

田中(たなか)さんは あまり おもしろく ないです。 — 다나카 씨는 별로 재미있지 않습니다.

この ラーメンは あまり おいしく ないです。 — 이 라면은 별로 맛있지 않습니다.

035 「Aい」→「Aくて」=「~하고」

マンゴーは 甘(あま)くて おいしいです。 — 망고는 달고 맛있습니다.

田中(たなか)さんは おもしろくて かっこいいです。 — 다나카 씨는 재미있고 멋있습니다.

この ラーメンは おいしくて 安(やす)いです。 — 이 라면은 맛있고 쌉니다.

036 「Nでした」=「~이었습니다」

昔(むかし)、ここは 公園(こうえん)でした。 — 옛날, 이곳은 공원이었습니다.

彼(かれ)が 犯人(はんにん)でした。 — 그가 범인이었습니다.

昨日(きのう)は 雨(あめ)でした。 — 어제는 비였습니다(비가 왔습니다).

037 「NAだ」→「NAでした」=「~했습니다」

景色(けしき)が とても きれいでした。 — 경치가 매우 예뻤습니다.

テストは とても 簡単(かんたん)でした。 — 테스트는 매우 간단했습니다.

祖母(そぼ)は とても 元気(げんき)でした。 — 할머니는 매우 건강했습니다.

038 「Nじゃ ありませんでした」=「~이/가 아니었습니다」

昨日(きのう)は 休(やす)みじゃ ありませんでした。 — 어제는 휴일이 아니었습니다.

彼(かれ)は犯人(はんにん)じゃ ありませんでした。 — 그는 범인이 아니었습니다.

昨日(きのう)は 雨(あめ)じゃ ありませんでした。 — 어제는 비가 아니었습니다(안 왔습니다).

039 「NAじゃ ありませんでした」=「~지 않았습니다」

昨日(きのう)は 暇(ひま)じゃ ありませんでした。 — 어제는 한가하지 않았습니다.

テストは 簡単(かんたん)じゃ ありませんでした。 — 테스트는 간단하지 않았습니다.

祖母(そぼ)は 元気(げんき)じゃ ありませんでした。 — 할머니는 건강하지 않았습니다.

040 「Aかったです」=「~었습니다」

日本旅行(にほんりょこう)は とても 楽(たの)しかったです。 일본 여행은 매우 즐거웠습니다.

昨日(きのう)は とても 忙(いそが)しかったです。 어제는 매우 바빴습니다.

今日(きょう)は 空気(くうき)が 悪(わる)かったです。 오늘은 공기가 나빴습니다.

041 「Aく なかったです」=「~지 않았습니다」

昨日(きのう)は あまり 寒(さむ)く なかったです。 어제는 별로 춥지 않았습니다.

昨日(きのう)は あまり 忙(いそが)しく なかったです。 어제는 별로 바쁘지 않았습니다.

昔(むかし)は 空気(くうき)が あまり 悪(わる)く なかったです。 옛날은 공기가 별로 나쁘지 않았습니다.

042 「N(장소)に N(사물/식물)が あります」=「~에 ~이/가 있습니다」

コンビニに おでんが あります。 편의점에 오뎅이 있습니다.

コンビニに ATMが あります。 편의점에 ATM이 있습니다.

コンビニに コピー機(き)が あります。 편의점에 복사기가 있습니다.

043 「N(장소)にN(사물/식물)は ありませんか」=「~에 ~은/는 없습니까?」

この 辺(へん)に コンビニは ありませんか。 이 근처에 편의점은 없습니까?

この 辺(へん)に 公園(こうえん)は ありませんか。 이 근처에 공원은 없습니까?

この 辺(へん)に カフェは ありませんか。 이 근처에 카페는 없습니까?

044 「N(식물/사물)は N(장소)に あります」=「~은/는 ~에 있습니다」

中(なか)(안) / 外(そと)(밖) / 横(よこ)(옆) / 隣(となり)(옆, 이웃)

コンビニは 駅(えき)の中(なか)に あります。 편의점은 역(의) 안에 있습니다.

公園(こうえん)は 駅(えき)の 横(よこ)(=隣(となり))に あります。 공원은 역(의) 옆에 있습니다.

カフェは 公園(こうえん)の 中(なか)に あります。 카페는 공원(의) 안에 있습니다.

045 「N(장소)に N(식물/사물)が あります」=「~에 ~이/가 있습니다」
ここ / そこ / あそこ / どこ = 여기 / 거기 / 저기 / 어디

あそこに バス停(てい)が あります。 저기에 버스 정류장이 있습니다.

ここに お金(かね)が あります。 여기에 돈이 있습니다.

そこに トイレが あります。 거기에 화장실이 있습니다.

046 「N(식물/사물)は どこに ありますか」=「~은/는 어디에 있습니까?」

ワインは どこに ありますか。 와인은 어디에 있습니까?

かばんは どこに ありますか。 가방은 어디에 있습니까?

かぎは どこに ありますか。 열쇠는 어디에 있습니까?

047 「N(식물/사물)は N(장소)に あります」=「~은/는 ~에 있습니다」

ワインは テーブルの 上(うえ)に あります。 와인은 테이블(의) 위에 있습니다.

かばんは ベッドの 上(うえ)に あります。 가방은 침대(의) 위에 있습니다.

かぎは かばんの 中(なか)に あります。 열쇠는 가방(의) 안에 있습니다.

048 「N(사람/동물)が いますか」=「~이/가 있습니까?」

彼氏(かれし)が いますか。 남자친구가 있습니까?

彼女(かのじょ)が いますか。 여자친구가 있습니까?

兄弟(きょうだい)が いますか。 형제가 있습니까?

049 「N(사람/동물)は いません」=「~은/는 없습니다」

彼氏(かれし)は いません。 남자친구는 없습니다.

彼女(かのじょ)は いません。 여자친구는 없습니다.

兄弟(きょうだい)は いません。 형제는 없습니다.

050 「N(사람/동물)は どこに いますか」=「~은/는 어디에 있습니까?」

犬は どこに いますか。 개는 어디에 있습니까?

猫(ねこ)は どこに いますか。 고양이는 어디에 있습니까?

山田(やまだ)さんは どこに いますか。 야마다 씨는 어디에 있습니까?

051 「N(사람/동물)は N(장소)に います」=「~은/는 ~에 있습니다」

上(うえ) / 下(した) / 前(まえ) / 後(うし)ろ = 위 / 아래 / 앞 / 뒤

犬(いぬ)は 机(つくえ)の 下(した)に います。 　개는 책상(의) 아래에 있습니다.

猫(ねこ)は ソファーの 上(うえ)に います。 　고양이는 소파(의) 위에 있습니다.

山田(やまだ)さんは コンビニの 前(まえ)に います。 　야마다 씨는 편의점(의) 앞에 있습니다.

052 일본어 동사의 기본형 = 'う단(u모음)'으로 끝남

일본어 동사의 구분 = 활용 방식에 따라 1그룹 동사, 2그룹 동사, 3그룹 동사로 나뉨

[3그룹 동사] = 딱 2개뿐 (する = 하다 / 来(く)る = 오다)

日本語(にほんご)の 勉強(べんきょう)を する。 　일본어 공부를 하다.

運動(うんどう)を する。 　운동을 하다

学校(がっこう)に 来(く)る。 　학교에 오다.

053 [2그룹 동사] = 기본형이 'る'로 끝나면서 'る' 바로 앞 한 글자가 'い단(i모음)' 혹은 'え단(e모음)'인 동사 (예시) 見(み)(mi)る = 보다 / 食(た)べ(be)る = 먹다

テレビを 見(み)る。 　TV를 보다.

彼女(かのじょ)が いる。 　여자친구가 있다.

おすしを 食(た)べる。 　초밥을 먹다.

054 [1그룹 동사] = 3그룹 동사와 2그룹 동사를 제외한 모든 동사 (① 기본형이 'る'로 끝나지 않는 동사 (예시) 話(はな)す = 이야기하다 / ② 기본형이 'る'로 끝나지만 'る' 바로 앞 한 글자가 'あ단(a모음)'이나 'う단(u모음)'이나 'お단(o모음)'인 동사 (예시) あ(a)る = 있다

友だちと 話(はな)す。 　친구와 이야기하다.

学校(がっこう)に 行(い)く。 　학교에 가다.

カレーを 作(つく)る。 　카레를 만들다.

055 [예외 1그룹 동사] = 형태는 2그룹 동사인데, 활용되는 방식은 1그룹 동사의 활용 방식을 따르는 동사
(예시) はし(si)る = 달리다 / かえ(e)る = 돌아가다, 돌아오다

家(いえ)に 帰(かえ)る。 집에 돌아가다.

公園(こうえん)を 走(はし)る。 공원을 달리다.

部屋(へや)に 入(はい)る。 방에 들어가다.

056 [동사+ます] = '합니다, ~할 것입니다'라는 뜻의 정중한 표현
[3그룹 동사 ます형] = する(하다) → します(합니다), くる(오다) → きます(옵니다)

日本語(にほんご)の勉強(べんきょう)を します。 일본어 공부를 합니다.

運動(うんどう)を します。 운동을 합니다.

学校(がっこう)に 来(き)ます。 학교에 옵니다.

057 [2그룹 동사 ます형] = 동사의 기본형에서 어미 'る'를 없앤 형태 (예시) 見(み)る(보다) → 見(み)ます(봅니다) / 食(た)べる(먹다) → 食(た)べます(먹습니다)

テレビを 見(み)ます。 TV를 봅니다.

彼女(かのじょ)が います。 여자친구가 있습니다.

おすしを 食(た)べます。 초밥을 먹습니다.

058 [1그룹 동사 ます형] = 동사의 기본형에서 어미 'う단(u모음)'을 'い단(i모음)'으로 바꾼 형태 (예시) 話(はな)す(su)(이야기하다) → 話(はな)し(si)ます(이야기합니다)

友(とも)だちと 話(はな)します。 친구와 이야기합니다.

学校(がっこう)に 行(い)きます。 학교에 갑니다.

カレーを 作(つく)ります。 카레를 만듭니다.

059 「3그룹 동사 ます형+ません」=「~하지 않습니다/않을 것입니다」

二度(にど)と 遅刻(ちこく)しません。 다시는 지각하지 않을 것입니다.

運動(うんどう)しません。 운동하지 않을 겁니다.

来(き)ません。 오지 않을 겁니다.

060 「2그룹 동사 ます형+ません」=「~하지 않습니다/않을 것입니다」

納豆(なっとう)は 食(た)べません。
낫토는 먹지 않습니다.

ドラマは 見(み)ません。
드라마는 보지 않습니다.

彼女(かのじょ)は いません。
여자친구는 없습니다.

061 「1그룹 동사 ます형+ません」=「~하지 않습니다/않을 것입니다」

お酒(さけ)は ほとんど 飲(の)みません。
술은 거의 마시지 않습니다.

土曜日(どようび)は 会社(かいしゃ)に 行(い)きません。
토요일은 회사에 가지 않습니다.

お金(かね)が ありません。
돈이 없습니다.

062 「3그룹 동사 ます형+ました」=「~했습니다」

図書館(としょかん)で勉強(べんきょう)を しました。
도서관에서 공부를 했습니다.

さっき 電話(でんわ)を しました。
아까 전화를 했습니다.

韓国(かんこく)から 来(き)ました。
한국에서 왔습니다.

063 「2그룹 동사 ます형+ました」=「~했습니다」

昨日(きのう)は 早(はや)く 寝(ね)ました。
어제는 일찍 잤습니다.

今日(きょう)は 早(はや)く 起(お)きました。
오늘은 일찍 일어났습니다.

朝(あさ)ごはんを たくさん 食(た)べました。
아침밥을 많이 먹었습니다.

064 「1그룹 동사 ます형+ました」=「~했습니다」

新(あたら)しい パソコンを 買(か)いました。
새 컴퓨터를 샀습니다.

おいしい コーヒーを 飲(の)みました。
맛있는 커피를 마셨습니다.

キムさんは 家(いえ)に 帰(かえ)りました。
김 씨는 집에 돌아갔습니다.

065 「3그룹 동사 ます형+ませんでした」=「~하지 않았습니다」

だれも 来(き)ませんでした。
아무도 오지 않았습니다.

だれも 質問(しつもん)しませんでした。
아무도 질문하지 않았습니다.

だれも 出席(しゅっせき)しませんでした。
아무도 출석하지 않았습니다.

066 「2그룹 동사 ます형＋ませんでした」＝「～하지 않았습니다」

何(なに)も 食(た)べませんでした。 아무것도 먹지 않았습니다.

何も 考(かんが)えませんでした。 아무것도 생각하지 않았습니다.

だれも いませんでした。 아무도 없었습니다.

067 「1그룹 동사 ます형＋ませんでした」＝「～하지 않았습니다」

デパートでは 何(なに)も 買(か)いませんでした。 백화점에서는 아무것도 사지 않았습니다.

何(なに)も 聞(き)きませんでした。 아무것도 듣지 않았습니다.

雨(あめ)が 降(ふ)りませんでした。 비가 오지 않았습니다.

068 ～ます / ～ません / ～ました / ～ませんでした ＋ か ＝ 의문 표현

いつ 韓国(かんこく)へ 来(き)ましたか。 언제 한국에 왔습니까?

何時(なんじ)に 起(お)きましか。 몇 시에 일어났습니까?

今日(きょう) 会社(かいしゃ)に 行(い)きましたか。 오늘 회사에 갔습니까?

069 「Nに なる＝「～이/가 되다 /「Nに なります」＝「～이/가 될 거예요」

私(わたし)は 歌手(かしゅ)に なります。 저는 가수가 될 거예요.

私(わたし)は 先生(せんせい)に なります。 저는 선생님이 될 거예요.

私(わたし)は サッカー選手(せんしゅ)に なります。 저는 축구 선수가 될 거예요.

070 「Nに なりました」＝「～이/가 되었습니다」

1月(いちがつ) / 2月(にがつ) / 3月(さんがつ) / 4月(しがつ) / 5月(ごがつ) / 6月(ろくがつ) / 7月(しちがつ) / 8月(はちがつ) / 9月(くがつ) / 10月(じゅうがつ) / 11月(じゅういちがつ) / 12月(じゅうにがつ) ＝ 1월 / 2월 / 3월 / 4월 / 5월 / 6월 / 7월 / 8월 / 9월 / 10월 / 11월 / 12월

もう １０月(じゅうがつ)に なりました。 벌써 10월이 되었습니다.

もう １２月(じゅうにがつ)に なりました。 벌써 12월이 되었습니다.

もう 大人(おとな)に なりました。 이제 어른이 되었습니다.

071 「NAだ」→「NAに なる/なりました」=「~해지다/해졌습니다」

日本語が 上手に なりました。 일본어가 능숙해졌습니다.

公園が きれいに なりました。 공원이 깨끗해졌습니다.

父が 元気に なりました。 아버지가 건강해졌습니다.

072 「Aい」→「Aく なる/なりました」=「~해지다/해졌습니다」

パソコンの 値段が 安く なりました。 컴퓨터 가격이 싸졌습니다.

外が 暗く なりました。 밖이 어두워졌습니다.

急に 眠く なりました。 갑자기 졸려졌습니다.

073 「NAだ」→「NAに する/します/しました」=「~하게 하다/합니다/했습니다」

部屋を きれいに しました。 방을 깨끗하게(깨끗이) 했습니다.

テストを 簡単に しました。 테스트를 간단하게 했습니다.

この アプリは 生活を 便利に します。 이 앱은 생활을 편리하게 합니다.

074 「Aい」→「Aく する/しました」=「~하게 하다/했습니다」

部屋を 明るく しました。 방을 밝게 했습니다.

髪を 短く しました。 머리카락을 짧게 했습니다.

ソースを 辛く しました。 소스를 맵게 했습니다.

075 「V(ます형)+ながら」=「~하면서」(단기간에 걸쳐 하는 동시 동작)

ユーチューブを 見ながら ご飯を 食べます。 유튜브를 보면서 밥을 먹습니다.

ギターを ひきながら 歌います。 기타를 치면서 노래 부릅니다.

音楽を 聞きながら 勉強します。 음악을 들으면서 공부합니다.

076 「V(ます형)+ながら」=「~하면서」(장기간에 걸쳐 하는 동시 동작)

バイトを しながら 勉強します。 아르바이트를 하면서 공부합니다.

コンビニで 働きながら 勉強します。 편의점에서 일하면서 공부합니다.

仕事を しながら 学校に 通います。 일을 하면서 학교에 다닙니다.

077 「N(동작성 명사)＋に 行く(가다)」＝「～하러 가다」(N(동작성 명사) 뒤에 '帰る(돌아오다)'를 붙이면 '~하러 돌아오다'라는 뜻도 됨)

買い物に 行きます。	쇼핑하러 갑니다.
旅行に 行きます。	여행하러 갑니다.
食事に 行きます。	식사하러 갑니다.

078 「V(ます형)＋に 行く(가다)」＝「～하러 가다」(동사의 ます형 뒤에 '帰る(돌아오다)'를 붙이면 '~하러 돌아오다'라는 뜻도 됨)

友だちを 迎えに 行きます。	친구를 마중하러 갑니다.
友だちの 家に 遊びに 行きます。	친구 집에 놀러 갑니다.
お弁当を 買いに 行きます。	도시락을 사러 갑니다.

079 「N(동작성 명사)＋に 来る」＝「～하러 오다」

デパートに 買い物に 来ました。	백화점에 쇼핑하러 왔습니다.
ハワイに 旅行に 来ました。	하와이에 여행하러 왔습니다.
寿司屋に 食事に 来ました。	초밥집에 식사하러 왔습니다.

080 「V(ます형)＋に 来る」＝「～하러 오다」

空港に 友だちを 迎えに 来ました。	공항에 친구를 마중하러 왔습니다.
友だちの 家に 遊びに 来ました。	친구 집에 놀러 왔습니다.
コンビニに お弁当を 買いに 来ました。	편의점에 도시락을 사러 왔습니다.

081 「V(기본형)+ために」＝「～하기 위해」(행위의 목적 표현)

車を 買う ために 貯金します。	차를 사기 위해 저금합니다.
先生に なる ために 一生懸命に 勉強します。	선생님이 되기 위해 열심히 공부합니다.
痩せる ために 運動します。	살을 빼기 위해 운동합니다.

082 「N(사람을 나타내는 명사)の ために」=「~을/를 위해」

家族(かぞく)の ために 一生懸命(いっしょうけんめい)に 働(はたら)きます。	가족을 위해 열심히 일합니다.
子(こ)どもの ために 貯金(ちょきん)します。	아이를 위해 저금합니다.
彼氏(かれし)の ために チョコレートを 作(つく)ります。	남자친구를 위해 초콜릿을 만듭니다.

083 「Nを ください」=「~을/를 주세요」(이 표현에서 'を'는 생략 가능)

すみません、メニュー(を) ください。	여기요, 메뉴(를) 주세요.
すみません、お水(みず)(を) ください。	여기요, 물(을) 주세요.
すみません、おしぼり(を) ください。	여기요, 물수건(을) 주세요.

084 「N(を) お願(ねが)いします」=「~(을/를) 부탁합니다」(상점에서 상품 주문 시)

一つ(ひとつ) / 二つ(ふたつ) / 三つ(みっつ) / 四つ(よっつ) / 五つ(いつつ)

= 한 개 / 두 개 / 세 개 / 네 개 / 다섯 개

牛丼(ぎゅうどん)(を) 三(みっ)つ お願(ねが)いします。	소고기덮밥(을) 세 개 부탁합니다.
ハンバーグ(を) 二(ふた)つ お願(ねが)いします。	햄버거스테이크(를) 네 개 부탁합니다.
アイスコーヒー(を) 一(ひと)つと コーラ(を) 四(よっ)つ お願(ねが)いします。	아이스크림(을) 한 개와 콜라(를) 네 개 부탁합니다.

085 「N(を) お願(ねが)いします」=「~(을/를) 부탁합니다」(계산이나 주문, 도움 부탁 시)

お会計(かいけい)を お願(ねが)いします。	계산(을) 부탁합니다.
注文(ちゅうもん)(を) お願(ねが)いします。	주문(을) 부탁합니다.
協力(きょうりょく)(を) お願(ねが)いします。	협력(을) 부탁합니다.

086 「Nが ほしい」=「~을/를 갖고 싶다」

新(あたら)しい スマホが ほしいです。	새로운 스마트폰을 갖고 싶습니다.
犬(いぬ)が ほしいです。	개를 갖고 싶습니다.
彼氏(かれし)が ほしいです。	남자친구를 갖고 싶습니다.

087 「Nは ほしくないです」=「~은/는 갖고 싶지 않습니다」

(과거형으로 말할 땐 아래와 같이 표현)

「Nが ほしかったです」=「~이/가 갖고 싶었습니다」

「Nは ほしく なかったです」=「~은/는 갖고 싶지 않았습니다 」

新(あたら)しい スマホは ほしく ないです。 새로운 스마트폰은 갖고 싶지 않습니다.

新(あたら)しい スマホが ほしかったです。 새로운 스마트폰을 갖고 싶었습니다.

新(あたら)しい スマホは ほしく なかったです。 새로운 스마트폰은 갖고 싶지 않았습니다.

088 「V(ます형)+たい」=「~하고 싶다」

少(すこ)し 休(やす)みたいです。 조금 쉬고 싶습니다.

ゆっくり 寝(ね)たいです。 푹 자고 싶습니다.

家(いえ)に 帰(かえ)りたいです。 집에 돌아가고 싶습니다.

089 「Nが V(ます형)たい」=「~을/를 ~하고 싶다」

猫(ねこ)が 飼(か)いたいです。 고양이를 키우고 싶습니다.

パスタが(=パスタを) 食(た)べたいです。 파스타를 먹고 싶습니다.

カフェラテが(=カフェラテを) 飲(の)みたいです。 카페라떼를 마시고 싶습니다.

090 「N/V(ます형)+に 行(い)きたいです」=「~하러 가고 싶습니다」

北海道(ほっかいどう)に 旅行(りょこう)に 行(い)きたいです。 홋카이도에 여행하러 가고 싶습니다.

デパートに 買(か)い物(もの)に 行きたいです。 백화점에 쇼핑하러 가고 싶습니다.

東京(とうきょう)ディズニーシーに 遊(あそ)びに 行きたいです。 도쿄디즈니시에 놀러가고 싶습니다.

091 「문장+から、V(ます형)+たいです」=「~하니까, ~하고 싶습니다」

のどが 渇(かわ)きましたから、何(なに)か 飲みたいです。 목이 마르니까, 무언가 마시고 싶습니다.

お腹(なか)が すきましたから、なにか 食べたいです。 배가 고프니까, 무언가 먹고 싶습니다.

疲(つか)れましたから、少(すこ)し 休(やす)みたいです。 피곤하니까 조금 쉬고 싶습니다.

092 「Nは V(ます형)たく ないです」=「~은/는 ~하고 싶지 않습니다」

(과거형, 긍정형으로 말할 땐 아래와 같이 표현)

「V(ます형)たく なかったです」=「~하고 싶지 않았습니다」

「V(ます형)たいです」=「~하고 싶습니다」

「V(ます형)たかったです」=「~하고 싶었습니다」

もう カレーは 食(た)べたく ないです。	이제 카레는 먹고 싶지 않습니다.
カレーが(=カレーを) 食(た)べたかったです。	카레를 먹고 싶었습니다.
カレーは 食(た)べたく なかったです。	카레를 먹고 싶지 않았습니다.

093 「Nの中(なか)で 何(なに)が 一番(いちばん) NAですか」=「~중에서 무엇이 제일 ~습니까?」

食(た)べ物(もの)の 中(なか)で 何(なに)が 一番(いちばん) 好(す)きですか。	음식 중에서 무엇이 제일 좋습니까?
スポーツの 中(なか)で 何(なに)が 一番(いちばん) 好(す)きですか。	스포츠 중에서 무엇이 제일 좋습니까?
日本(にほん)のアニメの 中(なか)で 何(なに)が 一番(いちばん) 好(す)きですか。	일본의 애니메이션 중에서 무엇이 제일 좋습니까?

094 「Nが 一番(いちばん) NAです」=「~가 제일 ~습니다」

さしみが 一番(いちばん) 好(す)きです。	회가 제일 좋습니다.
バスケが 一番(いちばん) 好(す)きです。	농구가 제일 좋습니다.
となりのトトロが 一番(いちばん) 好(す)きです。	이웃집 토토로가 제일 좋습니다.

095 「Nの 中(なか)で 何(なに)が 一番(いちばん) Aいですか」=「~중에서 무엇이 제일 ~습니까?」

日本(にほん)の食(た)べ物(もの)の中(なか)で何(なに)が一番(いちばん)おいしいですか。	일본 음식 중에서 무엇이 제일 맛있습니까?
スポーツの 中(なか)で 何(なに)が 一番(いちばん) おもしろいですか。	스포츠 중에서 무엇이 제일 재미있습니까?
韓国(かんこく)の 食(た)べ物(もの)の 中(なか)で 何(なに)が 一番(いちばん) 辛(から)いですか。	한국의 음식 중에서 무엇이 제일 맵습니까?

096 「Nが 一番(いちばん) Aいです」=「~가 제일 ~습니다」

私(わたし)は お好(この)み焼(や)きが 一番(いちばん) おいしいです。	저는 오코노미야키가 제일 맛있습니다.
私(わたし)は サッカーが 一番(いちばん) おもしろいです。	저는 축구가 제일 재미있습니다.
私(わたし)は キムチが 一番(いちばん) 辛(から)いです。	저는 김치가 제일 맵습니다.

097 「Nと Nと、どちらが NAですか」=「~과 ~중에, 어느 쪽이 ~합니까?」

友(とも)だちと お金(かね)と、どちらが 大切(たいせつ)ですか。 친구와 돈 중에, 어느 쪽이 중요합니까?

夏(なつ)と 冬(ふゆ)と、どちらが 好(す)きですか。 여름과 겨울 중에 어느 쪽이 좋습니까?

石田(いしだ)さんと 田中(たなか)さんと、どちらが 年上(としうえ)ですか。 이시다 씨와 다나카 씨 중에 어느 쪽이 연상입니까?

098 「Nより Nの 方(ほう)が NAです」=「~보다 ~쪽이 ~합니다」

お金(かね)より 友(とも)だちの 方(ほう)が 大切(たいせつ)です。 돈보다 친구 쪽이 중요합니다.

冬(ふゆ)の 方(ほう)が 好(す)きです。 겨울 쪽이 좋습니다.

田中(たなか)さんの 方(ほう)が 年上(としうえ)です。 다나카 씨 쪽이 연상입니다.

099 「Nと Nと、どちらが Aいですか」=「~과 ~중에 어느 쪽이 ~합니까?」

チーターと トラと どちらが 速(はや)いですか。 치타와 호랑이 중 어느 쪽이 빠릅니까?

たこ焼(や)きと おすしと どちらが 高(たか)いですか。 타코야끼와 초밥 중 어느 쪽이 비쌉니까?

コチュジャンと わさびと どちらが 辛(から)いですか。 고추장과 고추냉이 중 어느 쪽이 맵습니까?

100 「Nより Nの 方(ほう)が Aいです」=「~보다 ~쪽이 ~합니다」

トラより チーターの 方(ほう)が 速(はや)いです。 호랑이보다 치타 쪽이 빠릅니다.

おすしの 方(ほう)が 高(たか)いです。 초밥 쪽이 비쌉니다.

私(わたし)は わさびの ほうが 辛(から)いです。 저는 고추냉이 쪽이 맵습니다.

2. 주요 어휘 총정리

は	(조사) ~은/는	p.033
私(わたし)	(명사) 나, 저	p.046
学生(がくせい)	(명사) 학생	p.046
会社員(かいしゃいん)	(명사) 회사원	p.046
韓国人(かんこくじん)	(명사) 한국인	p.047
さん	(명사) ~ 씨	p.047
中国人(ちゅうごくじん)	(명사) 중국인	p.047
日本人(にほんじん)	(명사) 일본인	p.047
先生(せんせい)	(명사) 선생님	p.048
日本語(にほんご)	(명사) 일본어	p.049
学校(がっこう)	(명사) 학교	p.049
の	(조사) ~의	p.049
韓国(かんこく)	(명사) 한국	p.049
友だち(ともだち)	(명사) 친구	p.050
彼氏(かれし)	(명사) 남자친구	p.050
で	(조사) ~(이)고, ~(으)로서	p.051
大学生(だいがくせい)	(명사) 대학생	p.051
パスワード	(명사) 비밀번호	p.056
電話番号(でんわばんごう)	(명사) 전화번호	p.057
携帯(けいたい)	(명사) 휴대폰	p.057
何番(なんばん)	(명사) 몇 번	p.057
お宅(おたく)	(명사) 댁	p.057

救急車(きゅうきゅうしゃ)	(명사) 구급차	p.058
今(いま)	(명사) 지금	p.059
何時(なんじ)	(명사) 몇 시	p.059
終電(しゅうでん)	(명사) 막차(마지막 전차)	p.059
チェックアウト	(명사) 체크아웃	p.059
郵便局(ゆうびんきょく)	(명사) 우체국	p.062
から	(조사) ~부터	p.062
まで	(조사) ~까지	p.062
デパート	(명사) 백화점	p.062
銀行(ぎんこう)	(명사) 은행	p.062
授業(じゅぎょう)	(명사) 수업	p.064
何曜日(なんようび)	(명사) 무슨 요일	p.064
出張(しゅっちょう)	(명사) 출장	p.064
休み(やすみ)	(명사) 휴일	p.064
と	(열거) ~와/과	p.065
スマホ	(명사) 스마트폰	p.070
便利だ(べんりだ)	(な형용사) 편리하다	p.070
親切だ(しんせつだ)	(な형용사) 친절하다	p.070
あの	(연체사) 저	p.070
人(ひと)	(명사) 사람	p.070
有名だ(ゆうめいだ)	(な형용사) 유명하다	p.070
まじめだ	(な형용사) 성실하다	p.071
歌手(かしゅ)	(명사) 가수	p.071
レストラン	(명사) 레스토랑	p.072

あまり	(부사) 별로	p.072
東京スカイツリー(とうきょうすかいつりー)	(명사) 도쿄 스카이트리	p.073
にぎやかだ	(な형용사) 번화하다	p.073
きれいだ	(な형용사) 예쁘다	p.073
今日(きょう)	(명사) 오늘	p.074
おもしろい	(い형용사) 재미있다, 재미있는	p.074
この	(연체사) 이	p.074
ラーメン	(명사) 라면	p.074
おいしい	(い형용사) 맛있다, 맛있는	p.074
かっこいい	(い형용사) 멋있다, 멋있는	p.075
キムチ	(명사) 김치	p.076
辛い(からい)	(い형용사) 맵다, 매운	p.076
マンゴー	(명사) 망고	p.077
甘い(あまい)	(い형용사) 달다, 단	p.077
安い(やすい)	(い형용사) 싸다, 싼	p.077
が	(조사) ~이/가	p.082
昔(むかし)	(명사) 옛날	p.082
ここ	(명사) 이곳, 여기	p.082
公園(こうえん)	(명사) 공원	p.082
彼(かれ)	(명사) 그	p.082
犯人(はんにん)	(명사) 범인	p.082
昨日(きのう)	(명사) 어제	p.082
雨(あめ)	(명사) 비	p.082
景色(けしき)	(명사) 경치	p.083

とても	(부사) 매우	p.083
テスト	(명사) 테스트	p.083
簡単だ(かんたんだ)	(な형용사) 간단하다	p.083
祖母(そぼ)	(명사) 할머니	p.083
元気だ(げんきだ)	(な형용사) 건강하다	p.083
暇だ(ひまだ)	(な형용사) 한가하다	p.085
旅行(りょこう)	(명사) 여행	p.086
楽しい(たのしい)	(い형용사) 즐겁다, 즐거운	p.086
忙しい(いそがしい)	(い형용사) 바쁘다, 바쁜	p.086
悪い(わるい)	(い형용사) 나쁘다, 나쁜	p.086
寒い(さむい)	(い형용사) 춥다, 추운	p.087
コンビニ	(명사) 편의점	p.092
に	(조사) ~에	p.092
おでん	(명사) 오뎅, 어묵탕	p.092
エーティーエム	(명사) ATM	p.092
コピー機	(명사) 복사기	p.092
辺(へん)	(명사) 근처	p.093
カフェ	(명사) 카페	p.093
駅(えき)	(명사) 역	p.094
中(なか)	(명사) 안	p.094
横(よこ)	(명사) 옆 (가로 방향)	p.094
隣(となり)	(명사) 옆 (이웃, 곁)	p.094
あそこ	(명사) 저기	p.095
バス停(バスてい)	(명사) 버스 정류장	p.095

お金(おかね)	(명사) 돈	p.095
あそこ	(명사) 저기, 거기	p.095
トイレ	(명사) 화장실	p.095
ワイン	(명사) 와인	p.096
どこ	(명사) 어디	p.096
かばん	(명사) 가방	p.096
かぎ	(명사) 열쇠	p.096
テーブル	(명사) 테이블	p.097
上(うえ)	(명사) 위	p.097
ベッド	(명사) 침대	p.097
彼女(かのじょ)	(명사) 여자친구	p.098
兄弟(きょうだい)	(명사) 형제	p.098
犬(いぬ)	(명사) 개	p.100
猫(ねこ)	(명사) 고양이	p.100
机(つくえ)	(명사) 책상	p.101
下(した)	(명사) 아래	p.101
ソファー	(명사) 소파	p.101
前(まえ)	(명사) 앞	p.101
勉強(べんきょう)	(명사) 공부	p.106
を	(조사) ~을/를	p.106
する	(동사) 하다	p.106
運動する(うんどうする)	(동사) 운동하다	p.106
来る(くる)	(동사) 오다	p.106
テレビ	(명사) TV	p.107

見る(みる)	(동사) 보다	p.107
いる	(동사) 있다	p.107
おすし	(명사) 초밥	p.107
食べる(たべる)	(동사) 먹다	p.107
と	(조사) ~와/과 (행위의 대상)	p.108
話す(はなす)	(동사) 이야기하다	p.108
カレー	(명사) 카레	p.108
作る(つくる)	(동사) 만들다	p.108
家(いえ)	(명사) 집	p.109
帰る(かえる)	(동사) 돌아가다, 돌아오다	p.109
走る(はしる)	(동사) 달리다	p.109
部屋(へや)	(명사) 방	p.109
入る(はいる)	(동사) 들어가다	p.109
二度と(にどと)	(부사) 다시는, 두 번 다시	p.113
遅刻する(ちこくする)	(동사) 지각하다	p.113
納豆(なっとう)	(명사) 낫토	p.114
ドラマ	(명사) 드라마	p.114
お酒(おさけ)	(명사) 술	p.115
ほとんど	(부사) 거의	p.115
飲む(のむ)	(동사) 마시다, 먹다	p.115
行く(いく)	(동사) 가다	p.115
ある	(동사) 있다	p.115
図書館(としょかん)	(명사) 도서관	p.120
で	(조사) ~에서	p.120

さっき	(명사) 아까	p.120
電話(でんわ)	(명사) 전화	p.120
から	(조사) ~에서, ~로부터	p.120
早く(はやく)	(부사) 일찍, 빨리	p.121
起きる(おきる)	(동사) 일어나다	p.121
寝る(ねる)	(동사) 자다	p.121
朝ごはん(あさごはん)	(명사) 아침밥	p.121
たくさん	(부사) 많이	p.121
新しい(あたらしい)	(い형용사) 새롭다, 새로운	p.122
パソコン	(명사) 컴퓨터	p.122
買う(かう)	(동사) 사다	p.122
おいしい	(い형용사) 맛있다, 맛있는	p.122
コーヒー	(명사) 커피	p.122
誰も(だれも)	(연어) 아무도	p.123
質問する(しつもんする)	(명사) 질문하다	p.123
出席する(しゅっせきする)	(명사) 출석하다	p.123
何も(なにも)	(연어) 아무것도	p.124
考える(かんがえる)	(동사) 생각하다	p.124
聞く(きく)	(동사) 듣다	p.125
降る(ふる)	(동사) (비, 눈 등이) 오다	p.125
いつ	(명사) 언제	p.126
へ	(조사) ~에, ~으로	p.126
なる	(동사) 되다	p.132
サッカー選手(さっかーせんしゅ)	(명사) 축구 선수	p.132

もう	(부사) 벌써, 이제	p.133
大人(おとな)	(명사) 어른	p.133
上手だ(じょうずだ)	(な형용사) 능숙하다, 잘한다	p.134
下手だ(へただ)	(な형용사) 서투르다, 잘 못하다	p.134
父(ちち)	(명사) 아버지	p.134
値段(ねだん)	(명사) 가격	p.135
外(そと)	(명사) 밖	p.135
暗い(くらい)	(い형용사) 어둡다	p.135
急に(きゅうに)	(부사) 갑자기	p.135
眠い(ねむい)	(い형용사) 졸리다	p.135
アプリ	(명사) 앱	p.136
生活(せいかつ)	(명사) 생활	p.136
明るい(あかるい)	(い형용사) 밝다, 밝은	p.136
髪(かみ)	(명사) 머리	p.136
短い(みじかい)	(い형용사) 짧다, 짧은	p.136
ソース	(명사) 소스	p.136
ユーチューブ	(명사) 유튜브	p.142
ながら	(조사) ~하면서	p.142
ご飯(ごはん)	(명사) 밥	p.142
ギター	(명사) 기타	p.142
ひく	(동사) 치다	p.142
歌う(うたう)	(동사) 노래 부르다	p.142
音楽(おんがく)	(명사) 음악	p.142
勉強する(べんきょうする)	(동사) 공부하다	p.142

バイト	(명사) 아르바이트	p.143
働く(はたらく)	(동사) 일하다	p.143
仕事(しごと)	(명사) 일	p.143
通う(かよう)	(동사) 다니다	p.143
買い物(かいもの)	(명사) 쇼핑	p.144
旅行(りょこう)	(명사) 여행	p.144
食事(しょくじ)	(명사) 식사	p.144
迎える(むかえる)	(동사) 마중하다	p.145
遊ぶ(あそぶ)	(동사) 놀다	p.145
お弁当(べんとう)	(명사) 도시락	p.145
ハワイ	(명사) 하와이	p.146
寿司屋(すしや)	(명사) 초밥집	p.146
空港(くうこう)	(명사) 공항	p.147
車(くるま)	(명사) 차	p.148
ため	(명사) 위함	p.148
貯金(ちょきん)	(명사) 저금	p.148
一生懸命に(いっしょうけんめいに)	(부사) 열심히	p.148
痩せる(やせる)	(동사) 살 빼다	p.148
家族(かぞく)	(명사) 가족	p.148
子ども(こども)	(명사) 아이	p.148
チョコレート	(명사) 초콜릿	p.148
メニュー	(명사) 메뉴	p.154
お水(おみず)	(명사) 물	p.154
おしぼり	(명사) 물수건	p.154

牛丼(ぎゅうどん)	(명사) 소고기덮밥	p.155
ハンバーグ	(명사) 햄버거스테이크	p.155
アイスコーヒー	(명사) 아이스커피	p.155
コーラ	(명사) 콜라	p.155
お会計(おかいけい)	(명사) 계산	p.156
注文(ちゅうもん)	(명사) 주문	p.156
協力(きょうりょく)	(명사) 협력	p.156
ほしい	(い형용사) 갖고 싶다, 탐나다	p.157
少し(すこし)	(부사) 조금	p.159
休む(やすむ)	(동사) 쉬다	p.159
たい	(조동사) ~하고 싶다	p.159
ゆっくり	(부사) 푹, 충분히	p.159
飼う(かう)	(동사) 키우다	p.160
パスタ	(명사) 파스타	p.160
カフェラテ	(명사) 카페라떼	p.160
北海道(ほっかいどう)	(명사) 홋카이도	p.161
東京ディズニーシー(とうきょうでぃずにーしー)	(명사) 도쿄디즈니시	p.161
のど	(명사) 목, 목구멍	p.162
渇く(かわく)	(동사) 목이 마르다	p.162
から	(조사) ~하니까	p.162
お腹(おなか)	(명사) 배	p.162
すく	(동사) 고프다	p.162
疲れる(つかれる)	(동사) 피곤하다	p.162
食べ物(たべもの)	(명사) 음식	p.168

一番(いちばん)	(부사) 제일, 가장	p.168
好きだ(すきだ)	(な형용사) 좋아하다	p.168
スポーツ	(명사) 스포츠	p.168
日本(にほん)	(명사) 일본	p.168
アニメ	(명사) 애니메이션	p.168
さしみ	(명사) 회	p.169
バスケ	(명사) 농구	p.169
となりのトトロ	(명사) 이웃집 토토로	p.169
お好み焼き(おこのみやき)	(명사) 오코노미야키	p.171
大切だ(たいせつだ)	(な형용사) 중요하다, 소중하다	p.172
夏(なつ)	(명사) 여름	p.172
冬(ふゆ)	(명사) 겨울	p.172
年上(としうえ)	(명사) 연상	p.172
より	(조사) ~보다	p.173
方(ほう)	(명사) 방면, 방향, 쪽	p.173
チーター	(명사) 치타	p.174
トラ	(명사) 호랑이	p.174
どちら	(명사) 어느 쪽	p.174
速い(はやい)	(い형용사) 빠르다, 빠른	p.174
たこ焼き(やこやき)	(명사) 타코야끼	p.174
高い(たかい)	(い형용사) 비싸다, 높다	p.174
コチュジャン	(명사) 고추장	p.174
わさび	(명사) 고추냉이	p.174

MEMO

MEMO

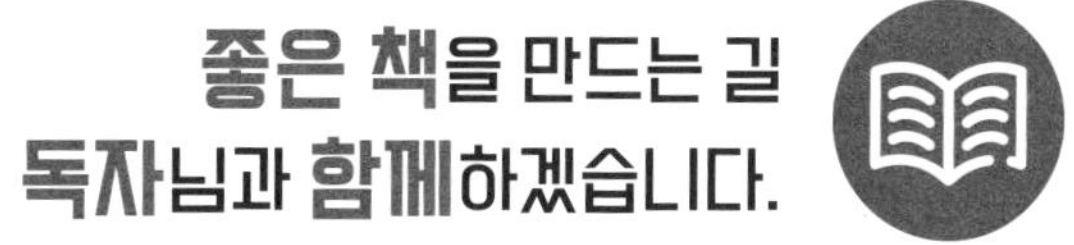

나의 하루 1줄 일본어 쓰기 수첩 [기초문장 100]

초판9쇄 발행	2025년 01월 10일 (인쇄 2024년 10월 22일)
초 판 발 행	2019년 07월 08일
발 행 인	박영일
책 임 편 집	이해욱
저 자	이현진
감 수	西村幸子 (니시무라 사치꼬)
편 집 진 행	시대어학연구소
표지디자인	조혜령
편집디자인	임아람 · 하한우
발 행 처	시대인
공 급 처	(주)시대고시기획
출 판 등 록	제 10-1521호
주 소	서울시 마포구 큰우물로 75 [도화동 538 성지 B/D] 9F
전 화	1600-3600
팩 스	02-701-8823
홈 페 이 지	www.sdedu.co.kr
I S B N	979-11-254-6068-8(14730)
정 가	12,000원